读懂人心的艺术

读心术

李鑫声◎编著

MIND
READING

中国出版集团
中译出版社

图书在版编目（CIP）数据

读懂人心的艺术读心术 / 李鑫声编著．
—北京：中译出版社，2020.1（2024.9重印）
ISBN 978 - 7 - 5001 - 6259 - 9

Ⅰ. ①读… Ⅱ. ①李… Ⅲ. ①心理交往 - 通俗读物
Ⅳ. ①C912. 11 - 49

中国版本图书馆 CIP 数据核字（2020）第 002419 号

读懂人心的艺术读心术

出版发行 / 中译出版社	
地　　址 / 北京市西城区车公庄大街甲 4 号物华大厦 6 层	
电　　话 /（010）68359376　68359303　68359101　68357937	
邮　　编 / 100044	
传　　真 /（010）68358718	
电子邮箱 / book@ ctph. com. cn	

规　　格 / 880 毫米 × 1230 毫米　1/32	
责任编辑 / 范　伟	**印　　张** / 6
封面设计 / 泽天文化	**字　　数** / 135 千字
印　　刷 / 三河市宏顺兴印刷有限公司	**版　　次** / 2020 年 7 月第 1 版
经　　销 / 新华书店	**印　　次** / 2024 年 9 月第 6 次

ISBN 978 - 7 - 5001 - 6259 - 9　　　　定价：39.80 元

前　言

　　人际关系是世界上最微妙的东西，美国成功学大师戴尔·卡耐基曾说："专业知识在一个人成功中的作用只占15％，其余的85％则取决于人际关系。"

　　当今社会纷繁复杂，人与人之间无时无刻不在进行沟通和交往。人的复杂性不仅仅是生理构造上表现出的复杂性，还在于心理上表现出的复杂性。当你不了解一个人时，就会很容易被他的表象所迷惑。美国心理学者奥古斯特·博伊亚曾做过这样的实验，让几个人用表情来表现愤怒、恐怖、诱惑、漠不关心、幸福、悲哀，并用录像机录下来，然后让人们猜哪种表情表现哪种感情。结果，每个人平均只有两种判断正确。当表现者做出的是愤怒的表情时，看的人却认为这是悲哀的表情。人有千面，想要从一个人的面部表情看到一个人的心理几乎是不可能的。

　　中国有句古话："画龙画虎难画骨，知人知面不知心。"它道出了读懂他人的难度。但是在现实生活中，如果我们善于察言观色，透过表象进行深入的分析判断，形成对他人的看法，就能建立良好的人际关系了。

本书从心理学视角阐述神秘和智慧的心理反应，以灵动隽永的笔触，从识人识面、微表情、微反应、微动作、兴趣爱好、生活习惯等各方面阐述了读懂人心的技巧。

希望本书可以成为你人生的最佳参谋，帮助你妥当地处理生活和职场中遇到的各种问题，拥有更加融洽的人际关系。

目　录

第三章　微反应，让人更懂你

第四章　微动作，肢体语言攻心术

第五章　看人先听声，谈话折射人心

第六章　兴趣爱好，照透性格的一面镜子

第七章　生活习惯，最好的心理说明书

第一章
相由心生，识人先相面

古语有云"相由心生"，虽然话说得有些绝对，但也并非迷信，虽然从面相不能完全看出一个人的所思所想，但我们可以通过一个人的情绪和表情（尤其是下意识的表情）分析他的内心世界。

皱纹里的性格秘密

人身体上的纹理一直以来都是面相学家研究的对象，认为从皱纹中可以看到一个人的吉凶祸福，甚至可以推测出未来的运势走向，这就有点流于迷信了。不过我们从一个人脸上的皱纹大致可以对他的性格做出解读，这个还是能够做到的。一般来讲，如果不是对性格进行猜测，单就日常生活中的一些实际案例，也可以说明，某个人的皱纹可以说出他的一些境遇，起码能做出大方向的判断，比如说一个人如果年纪轻轻，脸上的皱纹就很多，抬头纹很重，很可能他生活的压力很大，不顺心的事情多，精神一直不能得到解脱；但是如果某人论年纪已经不小了，但是脸上并没有留下什么岁月的痕迹，那么就能说明这个人到目前为止，生活相对还是比较顺心的，不一定很富有，但碰到的不开心的事情不多，人也比较开朗，能看得开。这就是皱纹给我们传递的信息，留意观察就能有不少的收获。

一般来讲，我们会倾向于将额头上的皱纹和年龄挂钩，年龄大些的人，抬头纹相对比较明显；年轻些的，就不是很明显，或者不注意看，可能不是很容易被发现，但这并不代表就没有。如果抬头纹多，但不清晰，也就是说，在年龄不是很大的情况下，不仔细看就不容易被发现。不但有横纹，而且还有一条垂直的竖纹，这条竖纹可能也不是很容易被发现，这种纹路是很少见的，有这种抬头纹的人，一般来讲很有大将风范，性格相对刚毅，不是那种随便屈服的人，个人魅力也不错，不过这种人可能会容易有意想不到的一些打击，或者是考验。好事多磨，有成就也要有锻炼才行。

有一类人的皱纹在眉毛里，这种纹路如果不仔细查看的话，是看不到的。有这种纹路的人一般内心比较阴险，而且狡诈、难缠，一旦被他们盯上，可能会比较麻烦，这种人一般坏心眼比较多，脑子里尽是一些损人利己，甚至损人不利己的念头。当然，这是对他们的负面评价，但并不能否定了这类人正面的信息。他们一般比较喜欢思考，逻辑思维能力很强，富有智慧，而且不少人有相当的生活阅历，有良好的判断力和预见性，如果能得当运用，这类人不管是从事什么类型的工作，都能出色地完成，上手快，成绩也会比一般人来得更大。

鼻子上面、印堂的下面中间这块地方有多条纹路，而且基本为横纹的人，他们一般对人对事很热心，人比较开朗，很好相处。他们对待事情有一般人不具备的激情，这一点是他们突出的特点，很积极主动，对待所有事情都很乐观，有时候你可能会觉得这个人怎么这么淡定，这就对了。这就是他们了，他们一直都能抱着一颗别人没有的平常心。这种纹路在某些人身上平常是看不到的，不管你怎么仔细看，都看不到，但他，她微笑或者是大笑的时候，这种纹路就显现出来了。如果是这种情况，那么这类人性情一般是比较温和的，没有太大的感情起伏，或者是很少出现这样的情况，也不容易发怒，但是他们喜欢将别人的事情往自己身上揽，就是替别人扛事情。其实到底自己是不是能扛下来，可能连自己都不知道。所以可能会因为这样的情况给自己带来麻烦。

眼睛和眉毛之间有三条竖的纹路，这类人最突出的特点就是够义气。对别人说到做到，知恩图报，是那种受人滴水之恩，必定涌泉相报的类型。心地善良，而且做事非常专注。为了自己的预定目标，能够专心致志，沉下心来，通过自己的不懈努力、坚强拼搏，一定能将自己的理想达成，为了实现自己的人生价值，他们能做出很惊人的事业。不过这类人有点神经质。有时候的一些做法、观点可能不是很能够被普通人理解。

在额头的眉毛里有一条竖纹，这种人是非常典型的顽强派。坚持的精神能在他们身上得到最好的体现，为了自己的目标，为了要达成一件事，有的时候甚至可以无所不用其极，也可以看作不达目的誓不罢休的一种人，能够强迫自己干任何事，很少能看见他们中途放弃的时候。不过这种人做事有一个原则，那就是这件事情本身要对自己有利，如果没有利益的事情，他们一般是不会去做的。也是非常典型的利益派，不是谁都能得到他们的帮助。需要注意的是，这类人眉毛里的那条竖纹平常也是看不见的，只有当他们身心俱疲的时候，这条竖纹才会出现。这种人不但对自己的要求很高，而且他们也这样要求别人。所以，如果和他们在一起，可能要注意了，压力是很自然的事情。

额头上有三条或者是四条横向的皱纹，而且有大圆弧形的趋势。这种人一般身体比较好，是那种有旺盛生命力的人，也就是说他们的生命周期可能会比一般人来得长，长寿者居多。这种人一般比较正直，极富有忍耐性，性情比较好，很温和，所以就比较有人缘。如果从政，会有不错的发展，但是，由于这类人一般比较耿直，很容易就把人得罪了，但是自己还不知道，认为没有什么问题，就是随口的几句话，没有多严重，但其实别人早已经记在心里了。

额头中央部位有皱纹。这种人最突出的特点是直觉感强，有时候可能会表现得比较敏感，对什么事情都很认真。他们很善于将自己的内心世界隐藏起来，不轻易让别人知道自己在想什么。

皱纹也能体现一个人的性格特征，这虽然听起来很新奇，但的的确确说明了一类问题。微表情体现在不同的方面，每一个细节都可能蕴藏着我们想要的信息。

正确解读眼睛传达出的信息

眼睛是心灵之窗，心灵是眼睛之源。眼睛是人体中无法掩盖情感的焦点，观察人的眼睛，可以知道人的善恶。

有一天，美国北弗吉尼亚州有一位老人站在河边准备过河。这条河很浅，但当时天气很冷，他只有跟别人共骑一匹马才能到达对岸。过了一段时间，他看到一群人骑着马跑过来。他让开路让第一个通过，然后第二个、第三个、第四个以及第五个也顺利通过了。最后，仅剩下一个骑马的人了。老人看看他，开口说："先生，你能不能让我跟你一起骑马过河呢？"

骑马的人不假思索地说："当然可以，请上来吧！"

过河之后，老人就滑到地面站好。离去之前，这位骑马人说："先生，我注意到你让其他骑马的人通过，而没有要求他们。但是当我来到你面前时，你立刻要求跟我一起骑马，我不解的是，你为什么不要求他们却只要求我呢？"

老人平静地回答道："我看他们的眼睛就了解他们心中并没有爱，我心中知道要求共骑一马过河是没有用的。可是一看到你的眼神，我就看到了同情、爱与乐于助人之心，我知道你会愿意让我跟你一起骑马过河的。"

这位骑马的人非常谦虚地说："我非常感谢你说的话，非常感谢。"

这个人就是托马斯·杰斐逊，后来他入主白宫。

同样地，与人交谈时要敢于和善于同别人进行目光接触，这是一种礼貌，更重要的是眼睛能帮你说话。如果你希望给对方留下较深的印象，你就要凝视他久一些以表自信。如果你想在和对方的争辩中获胜，那你千万不要把目光移开，以示坚定。如果你不知道别人为什么看你时，你就要稍微留意一下他的目光，以便于采取对策。如果你和对方谈话时，他漫不经心而又做出闭眼的姿势，那你就要知趣暂停，并随机应变。如果你想在交往中，特别是和陌生人的交往中获取成功，那就要以期待的目光注视对方，并辅以浅淡的微笑和不卑不亢的态度，这是常用的温和而有效的方式。

总之，在交际中，你必须学会从他人的眼神中了解对方的心理状态，这就需要了解眼神的四种组成因素：持续时间、注视方向、集中度、内含的情感。

持续时间。如眼神注视的时间长称为"凝视"，如短则称为"瞥""瞟"等。一般而言，眼神注视所持续的时间长表明你对对方较重视，反之则表示不太重视，但也有为掩饰自己的兴趣而故意看的时间短甚至不看的情况出现。

注视方向。从行为者与交际对象的位置来看有直视、斜视之分；从行为者与交际对象高度的关系来看有平视、仰视、俯视之分。它们分别含有微妙的心理因素。

集中度。如"全神贯注"地看表示注意力集中，而"漠视""目光游移不定"等则表示注意力不集中。

内含的情感。眼睛是心灵之窗，它是身体语言中表达人类情感的最重要的组成部分。

一般而言，眼睛表达情感主要通过以下方式进行：

眼睛周围脸部肌肉运动。人们在情绪极度激动时，眼睛周围的肌肉会发生抽动，观察这些肌肉的运动情况，就可以帮助人们识别他人的情绪变化。

眼皮的开合程度。如瞪大眼睛表示惊愕、愤怒等；眼睛圆睁则表示不满、疑惑等；眯缝着眼表示快乐、欣赏等；眨眼表示调皮、不解等。

瞳孔的某些变化。瞳孔的变化也可以反映出人们的情感变化，当人们看到新奇东西或有强烈兴趣时，瞳孔会放大。

比如，正常的人看见异性的裸体时，瞳孔会扩大两倍。据说，古代波斯珠宝商人出售首饰时，是根据顾客的瞳孔大小来要价的，如果顾客看到熠熠发光的宝石、钻戒等时会有瞳孔扩张的现象，说明他对这件首饰有强烈的兴趣，这时，商人就会把价格提高一些；当人饥肠辘辘时会渴求食物，如果此时有美味佳肴呈上，人的瞳孔会放大；当人们面对自己心爱的人时，瞳孔也会放大，因此面容都会比平时美丽些。

另外，在恐怖、紧张、愤怒、喜爱、疼痛等状态下，瞳孔都会放大，而在厌恶、疲倦、烦恼等状态下则会缩小。

眼神注视的方向也可以表达情感。斜着眼看人，白眼球增多，表示蔑视、轻视和不快。谈话时，柔和的视线向上看对方，表示尊敬或撒娇；柔和的视线向下看，表示慈爱、成熟、稳重。

眼神传递情感。除了自身内在的态度情感外，眼神还可以显示双方关系的情感，如在人群中两个人一挤眼便相互心领神会，显示出双方关系亲密或表明双方有着某种默契。

要想在人际交往中，准确把握他人的心理活动以及情绪状况，就要正确解读眼睛所传达的含义，并结合其他身体语言，从而做出正确的判断。

如何透过视线感受心理

一个人的视线是心理感受比较强烈的反映。比如说有了什么欲望或者是情绪波动很大，这时候视线就会发生明显的变化。所以，对视线的解读，对于了解当事人的心态、把握对方的动机、增进彼此的了解、加强心理上的沟通很有意义。

研究一个人的视线，可以有不同的角度。比如说：

第一，和你聊天的那个人是不是在看着你，如果他两眼望天，这个交流就是失败的，可能在他的心里否定的成分比较大。

第二，对方看你的视线是怎么运动的，是一直盯着你看，还是稍微看你一眼，马上转移，不同的视线运动代表了不同的意义。

第三，视线的方向问题，这个不要和第二点混淆。对方注视你是正眼一直看着，还是斜着眼看你，不同的视线方向，含义差别很大。

第四，视线所处的位置是什么样的，是从下往上打量你，还是从上往下注视你，不同的位置也有它的讲究。

第五，视线的注意力。对方是在一直盯着你看，精力集中，还是随便地瞟两眼完事。

　　一个人的视线对我们内心产生的影响是不能被低估的，比如说你在商场里随便闲逛，但有一个人老是盯着你看，一直注视着你，而你从来没见过这个人，这时可能我们不但会感到好奇，还会担心，心理的压力明显上升。同样，我们在很认真地和对方说话，但他却一直"不拿正眼瞧你"，这时你是不是有被轻慢、被侮辱的感觉呢？至少你会很不舒服。所以在和别人说话时，双眼看着对方，平视他，这是社交礼仪的一个重要方面。否则就会留下不礼貌、没素质的名声。

　　如果你不认识对方，就不会一直盯着看，除非你有什么企图，否则一般不会超过两秒钟。如果你盯着他看的时间过长，对方就会有被冒犯的感觉，对你自然也就不会有什么好印象了。这也是男性一直盯着不熟识或者是压根就不认识的女性看会遭白眼的原因。但如果是熟人，一直不看他，要么是你们彼此之间的关系比较紧张，要么就是你想结束这段关系，否则的话，这种行为是不会发生的。也就是说，不同的视线接触代表了不同的人际关系、社交心理。

　　在与别人交往的时候，注意观察对方的视线方向，能够洞察他的心理反应。比如说看见异性，如果看一眼，随即就将眼神移开，这是表明看的人对那个异性有很大的兴趣。这一点在日常生活中经常能见到。在一些公共场合，比如说聚会、宴饮的时候，如果一位很漂亮的女性翩翩走来，这时有的男性就会看一眼，然后立即就把头转过来，目的是不让对方知道自己心里的真实想法。反倒是一直盯着看的人并无太多感受。

　　同时，如果看见异性后，只是很随便地"瞄"一眼，然后就将眼睛闭上，之后再睁开。这是很放心的一种表现。有些行为学家认为，这个动作代表的意思是"我相信你""我不害怕你"。如果是女性用这样的方式看一位男性的话，就代表了两个人有进一步交往的可能。

人与人交流的过程中，眼神的交流是不可避免的，不同的视线代表了不同的意义。这时我们要注意的有两点：一是不要冒犯别人，二是通过对视线的解读，洞察对方的内心世界，达到知己知彼的目的。

从眉毛深入了解情绪变化

人们常说，眼睛是人生的一幅"画"，那眉毛就是"画框"。眉毛，在面部占有重要的位置，不仅具有美容和丰富面部表情的作用，双眉的舒展、收拢、扬起、下垂也可反映出人的喜、怒、哀、乐等复杂的内心活动。因此，眉毛也就成了显示心情变化的参照物。如果你想要通过对方的面部表情了解一些潜在的信息，那么眉毛就成了你上佳的选择。

当一个人第一次遇到你并对你微笑的时候，他的眉毛会不由自主地"抖动"。一般的变化是快速抬起来，然后再降下去。不过这种面部动作只会发生一次，并且总是伴随着微笑。

如果你对一个人多加注意的话，你的眉毛往往会向外扩张。而如果对方也有同样的动作，那就说明，对方也同样对你很感兴趣。反之，如果眉毛不动，那说明人家可能不想被打扰。

当一个人处于焦虑状态的时候，他的眉毛就会"拧"在一起——眉毛抬高，朝彼此靠拢。根据心理学家的观点，这是一种矛盾的表情：肌肉既想借这个动作把眉毛抬起来，又想把眉毛压下去。这种表情包括了伤痛、痛苦、愤怒和恐惧等因素在内，共同形成了焦虑的表情。

当某人受到惊吓或者心存疑惑的时候，往往会微微抬起眉毛。微微抬起眉毛亦可见于某些人说话时。大多数人讲话在讲到要点时，会不断抬起眉毛，比如那些习惯性的抱怨者絮絮叨叨时就会这样。

两条眉毛一条降低、一条上扬所传达的信息介于扬眉与低眉之间，半边脸显得激越、半边脸显得恐惧。眉毛斜挑的人，心情通常处于怀疑状态，扬起的那条眉毛就像是一个问号一样。

眉毛打结指眉毛同时上扬及相互趋近。和眉毛斜挑一样，这种表情通常表示严重的烦恼和忧郁，有些慢性疼痛的患者也会如此。一般而言，剧痛所产生的是低眉而面孔扭曲的反应，只有较和缓的慢性疼痛才会产生眉毛打结的现象。

在某些极端悲痛的情况下，眉毛的内侧端会拉得比外侧端高，形成吊梢眉式的夸张表情，如果心中并不那么悲痛的话，是很难勉强做到的。

总而言之，眉毛的变化丰富多彩，心理学家甚至指出，通过眉毛的变化可以深入地了解到一个人心情变化的过程，因此眉毛也被誉为"心情变化的显示器"。

通过下巴动作判断情绪状态

下巴的动作虽然轻微，但将下巴抬高或缩起，都会产生不同的含义。曾有心理学家认为，你可以通过观察对方下巴的动作，来判断别人的情绪状态。因此，下巴也被人们当作可以映射内心的"投影机"。

1. 表示无聊的下巴

假如某人用手托着下巴，这意味着此人是想集中注意力，或者把注意力集中在说话的人身上。尽管此人摆出一副若有所思的样子，可是实际情况是他感到很厌烦，所以只好支撑着脑袋以便让自己精力集中一些。

2. 表示厌倦的下巴

有时人们会做出手平展、轻叩下巴下面数次的动作，最初它表示某人吃得过饱，而现在它更常用于暗示某人有厌倦之感。

3. 表示不屑的下巴

下巴上抬，同时闭合双眼或者向着对方"眼观鼻"为"摆绅士架子"，直到今天依然经常有人效仿，结果当然是被人一笑了之。

4. 表示生气的下巴

生气的人下巴往往会向前撅着，而这表达的一般是威胁或者敌意。当人们被冤枉的时候或者要责备某人的时候，人们会不由自主地撅起下巴。所以在和别人谈话的时候，你可以通过观察对方的下巴来判断他是不是生气了。

5. 表示恐惧的下巴

如果某人缩着下巴，说明此人此时正处于无法摆脱的心理恐惧中。往后缩的下巴是一种保护性的反应，比如在看恐怖电影的时候，你往往缩成一团，下巴都要缩进脖子里了。假如你看到某人缩着下巴离开你，那么他可能害怕你或者感到受到了你的威胁。

6. 表示全神贯注的下巴

当某人轻轻地、慢慢地摸着下巴，就像摸着自己的胡须一样时，这说明此人正在全神贯注地倾听别人说话，此时最好不要打断他。

7. 表示批评和势利的下巴

当某人非常苛刻而又爱品头论足的时候，他往往会抬起下巴，传达出一种"我比你强"或者"你根本不知道自己在说些什么"的信息。

8. 表示怀疑的下巴

当某人怀疑你说的话的时候，常常会摸着或托着下巴，下意识地克制自己不告诉你，他不相信你。这种动作往往表达了这样的信息："我不相信你，出于礼貌，我又不想说。在说与不说之间，我很矛盾。为缓解矛盾，我得做一个轻缓的自我安慰的动作，而摸摸下巴可以让我放松自己。"说话者往往不会注意此种复杂信息，只一个劲儿地唾沫横飞，对这一暗示——你说服不了我的——视而不见，最终使得谈话不欢而散。

9. 表示否定的下巴

如若某人只是漫不经心地以一只手的指背轻弹下巴下面数次，同时头向后仰，这说明他可能对你所谈论的内容感到无趣，甚至对你本人都持有否定的态度。如若不然，则是他想要表现出盛气凌人的冷淡之意。

10. 表示聪明的下巴

如果你发现有人对你做出用拇指和食指横向夹住下巴的姿势，那么说明你在对方的心中是充满智慧的。显然，此姿势出于男性主宰的社会。

11. 表示鼓励的下巴

当别人正处在苦恼、沮丧时，你若将食指轻轻伸至对方下巴下，无比轻柔地上托，所表达的内容即是你试图鼓励他打起精神。

12. 表示求助的下巴

当你发现别人用右手手指轻托下巴的时候，可能正是你观察的对象陷入窘境之时。此时此刻，他可能很需要你的帮助，却又不知该如何开口。

13. 表示威胁的下巴

在男性不刮胡须的原始时代，下巴突出作为一种向前攻击的带挑衅色彩的意向性动作，会产生用胡须刺戳敌人的效果。即使在今天，男人已经将胡须刮得精光，但如果下巴稍稍挺伸向对方，也依然会无意识地表现出一种充满敌意的样子。在女性那里也可以观察到这个动作，但由于她们的下巴较小，因而无法给人留下深刻印象。

14. 表示嘲弄的下巴

拇指钩住下巴，用力向前抽动几次的姿势轻易不要尝试，因为它所表示的是嘲弄和叫嚣。若随意做出这个动作，只会招致他人激烈的抵抗。

15. 表示脂粉气的下巴

有些男性有时会将食指置于下巴下，同时像女人一般微笑，此时最大的可能是对女性行为的模仿，用以嘲笑别的男人没有男子汉气概，所含信息为"他没有丈夫气"。

16. 表示侮辱的下巴

当你发现别人正对你以食指、中指沿嘴唇下沿往下搔下巴，这时他所表示的不仅仅是怀疑之情，甚至有侮辱你的含义，意为"你在扯淡"。

17. 表示思考的下巴

一手轻柔抚弄下巴，做表示沉思的"拈须"姿势的无意识动作非常普遍，即便没有胡须也会做出来。此外，这个动作还有敬重的含义。

嘴是了解心理活动的有效渠道

说话者的真实意图不一定只表现在他的言辞之间。除了表情与眉毛之外，嘴唇也是你获取对方心理活动的有效渠道。嘴唇、喉咙和脸颊都能说明一个人的思想状态，它们可以"一言不发"地告诉你一切。

1. 咬嘴唇

咬嘴唇常常是一种压抑内心的愤怒或者怨恨时的表情，而在摇头的时候咬着下嘴唇则是非常愤怒的表现，这是一种表达敌意的安全方法。

已故的戴安娜王妃常常咬嘴唇，很多照片都证实了这一点。她可能是试图用这种方法来表达对侵犯了她的摄影师们的不友好情绪。

另外，当人们遭遇失败等情形时，也常常做出"咬嘴唇"的动作，这也可以说是自我惩罚型的身体语言。

2. 捂嘴

古有"说谎心虚捂嘴巴"的说法，可见这是人们在说谎话时会出现的一个固有的动作。通常当孩子说谎的时候，他会用手捂着嘴，企图收回那脱口而出的谎言，长此以往，这就变成了一种自然的反应，所以当成年人撒谎的时候也会用手捂着嘴或者挡住嘴唇。如果你想搞清楚别人是否在说真话，看看他们是不是把手指放在嘴唇上就知道了。

需要注意的是，"捂嘴"与"挡嘴"还是有区别的，也就是说，"挡嘴"除了含有说谎的意思外，还有提醒对方注意什么的意思。

例如，两个人一起正在议论单位的是非事。这时，其中一个人看见他们单位的头头走过来了，于是他伸了一个指头在自己的嘴唇前一竖。另一个人虽然没看见头头走过来，但他明白“有情况”，就停止议论或放低了声音。

另外，“挡嘴”还有要求对方听完话后保密的意思。

在农村的田间地头常常可以看到这样的情形：一个年轻妇女与另一个妇女说她婆婆的坏话，说婆婆这也不好那也不好，说完后，还用几个手指把嘴一挡：“我给你说的这些，可千万别让我婆婆知道了。”

总之，遮掩嘴唇的动作常常与遮掩联系在一起，也就是说，与别人交流时，如果对方做出了遮掩嘴唇的动作，你要知道，对方可能是要隐藏一些信息。

3. 噘嘴

在攻击对方的时候“噘起嘴”说话的情形很常见。另外，噘嘴也可能是一种防卫心理的表示。如果在谈生意时，对方不断做出这种动作，你就要考虑改变谈判方式了，因为照此谈下去，可能没有什么效果。

4. 舔嘴唇

舔嘴唇说明某人没有说实话或者某人感到很紧张。通常当人们感到紧张的时候，嘴唇会变干，所以他们会不由自主地通过舔嘴唇来产生唾液。舔嘴唇还可能是一种调情的习惯。根据这个动作做出来以后的诱惑程度来看，它可能是想用一种性感的方式来吸引别人的注意。不过，喝酒或抽烟很多的人经常会嘴唇发干，所以他们往往也爱舔嘴唇。

5. 抿嘴

一个人坚定不坚定从说话时的嘴形上便可看出来。如果某人说话时，嘴常常抿成"一"字形，这表明他是个意志坚强的人。根据这一发现，如果你是一个老板，在交给部下去做一项棘手的业务时不妨注意观察他的嘴形。

耳朵也能听出性格来

耳朵是用来听声音的，我们可以用双耳来辨别一个人，也需要耳朵来享受这个美好的世界，聆听鸟语，倾听自然，我们坐在音乐厅里，或者是打开音响，都需要借助耳朵的帮助才能让我们享受生活的美妙、人生的美好。但是你知道吗？从耳朵上我们也能看出一个人的性格来。

经过很多科学家的研究，今天我们终于知道了耳朵也和我们的性格息息相关。我们拿着镜子，看看自己的耳朵，如果你仔细地看，相信会有些发现，原来我们的耳朵和一个婴儿是很相像的。

耳朵就像是躺在母亲肚子里的胎儿，头在上面，臀部在下面。可以说，耳朵能看作一个人胎儿时期的缩小版，每个部位都有它独特的意义，对应而且连接着身体的每个不同的部位。上部集中表现的是一个人的智商，而下部则主要体现的是一个人的情商，也就是品性、意志力等，耳朵的最下方，包括耳垂部位则代表了我们的情感世界。

耳朵大些好还是小些好呢？有科学家指出，耳朵的大小和一个人的生命力以及他的思想深度有联系。人的创造能力和耳朵的大小也有关联。如果你的耳朵很大，那么听到这个消息，相信你一定很开心了。耳朵大的人，充满了激情，精力旺盛，热爱生活，是比较积极进取的一类人，不过这类人比较容易发怒，也有暴躁的倾向，美国前总统克林顿的耳朵就比较大；耳朵大小适中的人就比较冷静，客观实事求是地面对问题，生活里是个很有条理的人；耳朵比较小的人的耐心更好，倾向于喜欢观察思考，对待事情有很明显的利弊衡量，这类人的适应能力非常好。

有两种耳朵的人。之所以说两种耳朵是因为一般来讲，我们的耳朵是左右对称的，不过经过科学家的研究，我们的耳朵并不是绝对的对称，多少还是有区别的，但是我们的肉眼一般是区别不出来的。有两种耳朵的人就是一眼就能看出来这个人的左右耳不同。左右耳分别代表不同的思想倾向，如果一个人的两个耳朵明显不同，那么这个人可能是思想比较矛盾的，因为他受到两种不同方向的影响。不过一个人的基本性格是有一个定性的，两个耳朵不同不会对这个基本的性格产生过多的影响，而是加深了个人的内心矛盾、情感的变化等。

半耳。这类人的耳朵比较窄，可能只有普通人的一半宽度。这类人有一个比较明显的倾向：自闭！如果我们身边有自闭的人，不妨看看他的耳朵是不是较窄。他的身体状况可能也不是很好，与外界隔绝，与自然隔绝，不喜欢也不善于同他人交流，而且有自我中心的倾向，不愿意和同事、朋友有过多的沟通。不过耳朵小传达的绝对不是全部的负面信息，如果他的耳垂相对较大，而且耳骨较饱满的话，那么这个人可能很自信，意志力也很强，勤奋，比较能坚持。

椭圆耳。这类人不是很常见。他们一般名声不是很好，极端一点就是声名狼藉。他们的耳朵缺少了几个部分，他们的道德观与同情心和一般人不一样，或者是干脆就没有，萨达姆的耳朵就是这样的。

褶皱耳。就是耳朵上的褶皱比较多。长这种耳朵的人一般比较追求自己的兴趣爱好，做事很欠考虑，完全从自己的喜好出发，而且有不切实际的倾向。有这种耳朵的人具有一定程度的动物性。

高低耳。耳朵高于眉毛的人比较聪明，记忆力超过一般人，在自己的领域里很有可能取得很不错的成绩。如果耳朵的下端比鼻子的下端要低，而且明显，或者是耳朵的上端比眉毛明显低，那么就是低耳。这类人比较奇怪，平时看上去可能比较内向，但是一旦和自己的朋友在一起，又能很快融入气氛当中去，和他们打成一片。

招风耳。耳朵比较外张。这类耳朵我们一眼就能看出来，很明显。长这种耳朵的人，亲和力好，而且有很强的领悟能力，学习能力也很强，感情丰富，但是容易出现绯闻。

耳朵不但代表了人的不同性格，而且经过科学家的潜心研究发现，即便是一个人，两个耳朵所代表的含义也是不一样的。一般来讲，左耳更喜欢听一些感情色彩浓厚的话，所以如果你要对自己的情人说些甜言蜜语的话，那么就要对准他的左耳，而不是右耳，左耳受到右脑的控制，右脑就是处理一个人的情感的，而右耳则更能记住一些知识点，右耳的控制者是左脑，左脑是做逻辑分析的。

科学家发现，一个人的左右耳略有区别，尽管很小，一般是2毫米~3毫米的样子。所以如果一个人的左耳相对发达的话，那么就更适合从事艺术工作，而不应该立志做一名科学家；相反，如果是右耳较发达，那么在科学领域就更容易取得成绩。了解这些对自己孩子将来的职业走向是有指导意义的。

一个正常人的耳朵一般能分辨出40万种不同的声音。男性在听力的敏感性上比女性更好。为此，科学家曾做过实验，结果男性能在所有声音里分辨出60%，而女性只能分辨出28%。在日常生活中，女性经常会抱怨自己丈夫不愿意听自己唠叨，嫌自己啰唆，烦。这样的情况在不同的国家，不同的民族都是存在的。这其实是因为男性在处理男女声音时不同而造成的。一般来讲，男性更容易接受的是男性的声音，而不是女性的，他们在听女性声音时会感觉更加复杂。

不同的耳朵体现不同的个性、不同的人生优势和劣势。没有天生就差的耳朵，只有不同的特点。

笑是愉快的情绪表征

笑容的力量是无穷无尽的，一个能时时展现出迷人笑容的人自然也拥有无穷的魅力。

达·芬奇的名画《蒙娜丽莎》展示一位一个世纪以来都令人为之倾倒的女人，成为人们心目中最美好的形象。按照东方民族的审美观，蒙娜丽莎其实根本算不上漂亮，而且多少还显得有些臃肿。可是她的惊人之处正是她那永恒的微笑使人看上去总觉得心里舒服、愉快，也自然会对她产生好感。

笑是愉快的情绪表征，但有些时候，痛苦到极点或感觉有些无可奈何的人也会用大笑来发泄闷气。可以说，笑是最常见的表情，也是含义最复杂的身体语言。笑虽只有声音而没有语言，却是最能够表达沟通意图的无声语言。有关专家认为，从一个人笑的声音就可以了解到一个人的性格如何。

"哈哈哈"的发笑是所谓豪杰型的人常采用的方式，一般人很难发出这样的笑声。这也是身体状况极佳时才有的笑声，不过，这种笑声带有威压感，会震慑他人，因而使人心生警戒。

很多人在自觉没有信心或强抑不快的情绪时，有时可能以"呵呵呵"的笑声掩饰内心的牢骚，另外，人们在心浮气躁或身体疲倦时也会这样发笑。

笑起来发出"咔咔"的声音的人，多是能够严格要求自己的人。他们的想象力比较丰富，常常会有一些惊人的举动。掩饰自己感情或带着强烈警戒心以避免他人洞察自己真心的人通常不会开口发笑，这样的人多是比较现实的，而且随机应变和适应能力比较强。

笑声尖锐刺耳的人，具有一定的冒险精神，且精力比较充沛。他们的感情比较细腻和丰富，生活态度积极乐观，为人比较忠诚和可靠。

笑起来声音柔和而又平淡，这样的人性格沉着和稳重，在大是大非面前能够保持头脑的清醒和冷静。他们比较明事理，善于化解矛盾和纠纷。

只是微笑但并不发出声音的多是内向而且感性的人，他们的性情比较低沉和抑郁，情绪化比较强，而且极易受他人的感染。他们的性情比较温柔、亲切，能够给人一种很舒服的感觉，属于比较好相处的人。

此外，还有一些心理学家认为，通过每个人笑的方式也可以分析出每个人的性格特征：

经常悄悄微笑的人，性格比较内向、害羞、传统、保守的成分占了很多，他们的心思非常缜密，头脑异常冷静，很善于隐藏自己，在为人处世时又会显得有些腼腆。但是他们对他人的要求往往很高，轻易不会将内心真实的想法透露给别人。

平时看起来寡言少语，但笑起来却一发不可收，这样的人是最适合做朋友的。他们虽然在与陌生人的交往中显得不够热情和亲切，但一旦真正与人交往，他们通常都是十分看重友情的。基于这一点，有很多人乐于与这种人交往，他们自己本身也会营造出比较和谐的社会人际关系。

笑起来断断续续，笑声让人听起来很不舒服的人，其性情大多是比较冷淡和漠然的。他们的观察力在很多时候是相当敏锐的，能观察到他人心里在想些什么，然后投其所好，见机行事。

捧腹大笑的人多心胸开阔，当别人取得成就以后，他们有的只是真心的祝愿，而很少产生嫉妒的心理。这样的人性格多是很直率和真诚的。他们往往能够直言不讳地指出朋友的缺点，他们在自己能力范围之内，对他人的需要总是会给予帮助。他们是行动主义的人，一旦决定要做，马上就会付诸行动，非常果断和迅速，绝不拖泥带水。在别人犯了错以后，他们也会给予最大限度的宽容和谅解。他们比较有幽默感，总是能够让周围人感受到他们所带来的快乐。他们不势利眼、嫌贫爱富、欺软怕硬，比较正直。

龇着牙笑是一种假笑的人，一般没有表现出自己的真情实感。任何人在说"别为此担心"或者"没什么大不了的"的时候，如果流露出这种面部表情，就表明其实他们真正想说的正好相反。

第二章
微表情，如何读懂人心

　　通过微表情，将读懂人心、识破谎言，了解微表情，让你在职场、情场、日常等各种场合运筹帷幄，一切尽在掌握中。

攻心有术，明明白白做人

很多人特别感叹人心难测，总是在不断的吃亏和上当当中，增长自己的见识，如果不能够用系统的方法和逻辑，去看待如何识破人心这个问题，换一个环境，你便又不知道如何是好了。

在必要的情况下，需要我们利用读心术，来读懂人心。比如一些人为了掩盖损人利己的坏事，常常以出人意料的镇静去编造谎言。特别是一些诈骗犯和具有歇斯底里性格的人，甚至有时他们自己本身也会被自己的谎言迷惑而真假不分。

下面，我们来介绍几种实用的读心术。

1. 改变生理机能

当一个人坚持己见不愿改变时，你唯一可以改变的就是他的生理机能。一个人的情感状态与他的生理状态是有直接关联的。要是他矢口否认或是彻底拒绝怎么都不愿改变，处在这样僵持的状态时，你就要想办法让他移动身体或改变对话的环境。

这种做法，可以避免"心理闭锁"，让他能较容易地改变心理立场。如果他坐着就要他站起来，或在房子里走一走；如果他站着试着引导他坐下。

2. 提供另外的信息

如果你没有给对方提供额外的信息，切勿要求他改变心意。记住，当你和一个自尊心很重的人交谈时，你必须给他更多额外的信息。因为这部分人往往认为改变心意是一种软弱的表示，代表他的屈服、你的胜利。

暂时别要求他改变心意，而是让他根据那些额外的信息，再来做一个新的决定。一般，政客们都有这种强烈的倾向，因为，他们绝不希望自己显得优柔寡断。他们极少说，他们改变了主意，而宁愿说，他们的"立场已经逐步形成"。

所以，引出新信息的方法是很重要的，具有决定性。那个信息越是及时，或是显得越是及时，效果就会越好。如果你提起一件过去发生的事件，而他根本想不起来，而他又怕因为不知道这件事，而被别人嘲笑，因此不愿改变原来的主意。所以给他越是及时的信息，越能让他自在地重新考虑自己的想法。

3. 把问题夸张扩大

有时候，为了达到解决问题的目的你必须把问题扩大。比如，一位朋友的秘书过去经常替他整理办公室，朋友请她不要那么做，但她坚持要让办公室保持井然有序。她为朋友工作已经超过十五个年头，朋友并不想为了这个原因而解雇她。

但是秘书整理办公室的习惯实在恼人，该怎么解决呢？于是，他每天刻意把办公室弄得乱七八糟。每天早上他的办公室看起来就像一个重灾区。

最后，秘书开口说话了。她说，她认为朋友如此邋遢、不修边幅，是看她脾气好欺负她。在这之后她就不再替朋友整理办公室了。

当争执变得徒劳无功时就停止争执，我们试着朝另一个方向前进，洗心革面地改变你的姿态。对方要什么你就可以给他一个夸张的版本，这样通常会使他退到另一个立场上。

4. 在对方不自在时逼供

一般的常识告诉我们，如果我们想要请别人帮忙，最好挑对方心情好的时候。如果对方的心情悠闲放松，他就更可能答应我们的请求。这一点通常是奏效的。

但是，如果我们想要对方说出实情，用这招往往就不管用了。当你希望某人和盘托出时，那可不只是请他帮忙而已。你必须假设那个实情是他不想给的。

所以，越是在他感觉自在舒适时，说出实情的意愿就越弱。当他感到疲倦、饥饿或口渴的时候，才是让他坦白招供的最佳时机。

这个时候，他无心认真地思考，只是想尽快结束谈话。当然，他也许会变得更加激动、性情更加乖戾。而此时如果说出实情，是唯一让他能吃饱喝足变得舒服一点的办法，那么你的要求他多数会照办。

5. 运用"趋乐避苦"法则

人类的每一个行为背后都是有动机的，如果不是为了避免痛苦，那么可能就是为了获得欢乐或是两者兼具。

一个人作何回应取决于你如何运用痛苦与欢乐的联结。如果你想要左右一个人的行为，你就必须使用痛苦与欢乐的联结。

比如，你不希望他往东走，你就必须在往东行的方向，设下使他痛苦的事物，如果你希望他往西走，那么，你就可以在往西行的方向设下使他欢愉的事物。

如果某人对你不诚实，你对着他大吼大叫："你是个人渣、骗子！我就知道，你只会让我感到痛苦。告诉我那该死的真相，然后滚蛋，这辈子不要再让我看见你！"要是这么说，其实并不是最有效的策略。

这是一个简单的方程式：如果说出实情的好处，大于说谎所能得到的利益，那么你就能够得到真相。但是这一切，必须符合一个具有决定性的准则：你所提供的利益，必须是让他唾手可得的。

总而言之，对于生活中的种种情况，需要我们随机应变，并且善于总结规律，积累经验，提高读心术这项技能，这样对社会上各种花样的骗局可以防患于未然。

如何从微表情准确认识一个人

人的复杂性并不仅仅是生理构造上表现出的复杂性，更重要的还在于心理上表现出的复杂性。而且这种复杂更具抽象意义和不确定因素。因此，当你不了解某人时，最好不要被他所表现出来的现象左右了你的判断。因为，这种现象很可能是一种假象。尤其是城府较深的人更不会直接表露自己的真实情感。

在商业谈判中，对方笑容可掬地听着你说话，脸上一副似乎要接受的表情，心想谈判可能要成功了。不料他却说"明白了，很好。不过，这次请原谅，我不能要了"等婉言谢绝的话。

这样一来，你像是被人从头上泼了一盆冷水似的。当然，这并非想否定"表情是反映人内心的一面镜子"。因为在很多时候，人们纵使情绪很激动，也会伪装成毫无表情，或者故意装出某种相反的表情，所以如何去探测对方的表情下所隐藏的真实情绪，那就需要你的观察和思考能力了。

一位推销百科全书的业务员，在这方面很有经验，他说："当我把百科全书的样本交给购书商后，在他默默翻阅百科全书的内容时，就是决定成交与否的关键时候。"

这时候，我就会目不转睛地注视他的面容，并且比起坐在对方的面前，我更喜欢坐在他的身旁。因为坐在旁边比较容易看见对方脸上的肌肉变化，大体上在他的脸上就已经有个买与不买的决断了。

"客户虽然会有意不让脸上呈现表情的变化，但也总会出现很有趣的表情，所以，有经验的推销员总是能捕捉到这些细微之处，看穿对方的内心决策，从而采取相应的推销手段和谈判技巧。"

有的人竭力压抑自己的情绪，装出一副毫无表情的面孔。碰到这样的人，许多人都感到十分头痛。其实，没表情并不等于情绪就不会外露。因为内心的活动，倘若不呈现在脸部的肌肉上，往往会以其他不自然的方式表现出来。

比如有些职员不满主管的言行，却又敢怒不敢言，只好故意装出一副毫无表情的样子。事实上，不管如何压抑那股愤怒的感情，内心的不满依然很强烈，如果仔细观察他的面孔，会发现他的脸色不对劲。

人们经常把这种木然的面孔称为"死人"似的面孔，也就是说他像死人一样面无表情，神色漠然。

这种"死人"似的面孔本身就是一种不自然的表现。此外，虽然这类人努力使自己的怒不形于色，但倘若内心情绪强度增加的话，他们的眼睛往往就会马上瞪得很大，鼻孔会显出皱纹，或在脸上出现抽筋现象。所以，如果看见对方脸上忽然抽筋，那就表示在他的深层意识里，正陷入激烈的情绪冲突中。

如果碰到这种人，最好不要直接去指责他，或者当场给他难堪。当看到部属脸色苍白、脸部抽筋时，主管最好这样说："最近是不是心情不好，如果你有什么不快，不妨说出来听听。"以设法安抚部属正在竭力压抑的情绪。

死板的面孔或抽筋的表情，至少可以暗示上下级关系正陷入低潮，这时最好开诚布公地交换意见，以消除误解，改善双方的关系。

有时候，漠不关心的表情，也可能是代表好意或者爱意的表情。尤其是女性，倘若太露骨地表现自己的爱意，似乎为常情所不许，于是便常常表露出相反的表情，装着一副对对方毫不在乎的样子，其实这种表面上的漠不关心，骨子里却是十分在意的。这时如果男性不善于观察分析，就很有可能错过一段美好的姻缘。

有时候，当彼此陷入强烈的敌意和反感时，倘若在对方面前表现这种敌意或反感的话，不但会给对方带来不愉快，甚至还会造成双方关系的危机，以致出现被社会所不容许的破坏行为。于是就产生了伪装的笑容和亲切的态度，这种情况在心理学上叫作反动形成。

关于这一点，最好的例子，就是夫妻吵架。当彼此间的不调和达到很激昂的状态时，不快乐的表情反而会逐渐消失，结果会露出笑脸，态度上便显得卑屈而亲切。所以，提出离婚的夫妇彼此越是彬彬有礼，其不可调和的矛盾就越深。

曾经有一位负责明星采访的记者说，如果要了解影视界的夫妇关系是否协调，那倒不是很难的事，只要注意电视上综合节目、现场节目以及家庭访谈就行了。倘若他们不断表现出十分愉快的表情，或者不断地特别强调夫妇之间的协调状况，那说明他们之间很可能出现了危机，表面上的和谐，不过是一种不调和的面具或记号。要彻底了解一个人的内心世界很难，这是表情带来的障碍。因此，在识人过程中，光靠表情和语言是远远不够的。其他的反应同样值得你去细细体察。这样才能更准确地识别一个人。

下面几种方法可以帮你看穿对方的心理：

1. 反问对方以确认其意图

狡黠的政治家，惯常使用模棱两可的回答。如果你遇上说话语意不明者，而他又避免做明确的结论，乍听似乎有理，实际并不然时，为了确认他是否为意志踌躇的人，可利用他自发的双面理论来加以辨明。在他提出强调单方结论后，应立即反问他对于另一方的理论有何看法。

2. 请坚持讲完你的话

如果与人见面时，对方表现出闻一知十的态度，你在心里须先设戒心。因为他对你的个性、情绪毫无所知，却表现出闻一知十的样子，其意义大多表示不想倾听你谈话的拒绝姿态，只是碍于礼仪或情面，不好直接表明。但是，如果话才说出口，对方即频频点头表示了解，你不可缄默其口，而要坚持说完你的话，让他更加了解。

3. 内心不安的表面特征

通常，见面双方都持着该有的礼仪待人，若是对方态度异常地冷淡无礼，正说明了他的内心隐藏着不安，为了掩饰其弱点，便采用这种扰乱战术。你可不要被他的假面具所吓退，此时以冷静的态度应付，才是上上之策。

4. 面无表情的表情

面无表情的表情，正是对方内心无言的表达。当人类强烈的欲望无法得到满足，或心底充满敌意与不欲为人所知的情感，不敢直接表露而努力压抑时，就会变得面无表情。所以，无表情并非内心毫无所感，而是波涛暗涌，畏于表现出来。在他们没有表情的面孔下，实则深藏着不为人知的想法。

5．对方突然多话时

人变得多话，并不只是在他想表达自我时，相反地，想打断或想结束某话题时，也是如此。所以当对方突然高谈阔论起来时，仔细想想是否提到他们不愿触及的问题了呢？话多并不表示能言善道，只不过是掩藏自己的烟幕罢了。

6．对方特别亲切时

面对对方亲切无比的态度，若是认为自己交际成功而沾沾自喜，那真是大错特错。过度亲切是不是为了掩饰内心的不安？此时，你应该若无其事地转变话题，以探知他的真意。

7．递上一支烟

香烟乃是人们用来不露痕迹地表示己方的意思的一种信号。因此，若是推拒了对方所递过来的香烟，而取出自己的香烟来抽的话，会被认为是不接受的一种拒绝态度。

8．如果对方手插入裤袋中

手插入裤袋中，多半是在紧张之余，无意识地把手放入裤袋中的。不论何人，为了要解除内心的紧张，大都会做出解除肉体紧张的动作。将手插入裤袋中，也只不过是要借着触摸自己身体中易接触的位置，来提高与自己的亲密性，进而消除紧张。初次会面的对象，即使他做出违反礼仪的动作，因此责难他也并非上策。接受对方的那些信号，并使其紧张得以缓和，这才是引出他真心话的一个前提。

9. 故意与对方的意见相左

在以了解人品及思想为目的的面谈中，为了能在有限的时间内尽可能地抓住正确的形象，就有各种深层的方法被使用着，其中有一种被称为压迫面谈的方法。这是一种向面谈者提出令他不快的问题，或是将其置于孤立状态而迫使他做二者择一的决断的方法，将其赶入危机的状况中而视他的反应。

持续提出用"是""不是"不能回答完全的问题，对于人际交往，特别是要探知对方的真意时，不论任何一方面，都有必要让他说出更多的话语。因此，这一方法应是一个有效的助力。

10. 对方若把话题岔开

对方将话题岔开，大致上有三种情形：其一是因为完全不留神而岔开了，其二是因突然产生出乎意料的联想而岔开，其三则是故意将话题引到别处。这些情形，都表示说话者目前的兴趣和精力，已转向别的话题上。因此，不要在中途截断他的谈话，让他继续一段时间。如果是第一种情形的话，不久他就会对于究竟何者才是正题也感到非常诧异。如果是第二种情形，因为本人并没有忘记本题，所以能自然地了解到其联想与本题的关系。

而如果隔一段时间之后仍然不能回到本题的话，就可以判断为第三种情形。依此种方法，可以了解到，乍看之下是很浪费时间精力的"离题谈话"，也可以成为读出对方心理的一个绝好机会。

11. 不妨闲话家常

在不了解对方的性格、感情特点等的情况下而与之做初次见面的谈话，就像拳击比赛，需要猛击，完全脱离目的的闲谈，就如同没有目标的进攻，提供了看清他本意的线索。如果他加入了闲谈中，则可视为接受己方态度的表现。假设他并不参与闲谈，那么对于己方所引出的闲谈，他应该表示出一些反应。视其反应，己方就可以决定是进是退，或是再进一步试试看等，以改变自己的战术。

当你被夸奖时，夸奖的言辞、恭维话，并不都是单纯可喜的。一被别人称赞就立刻上当的，会被认为是太简单、太幼稚。然而，若是露骨地表示出猜疑心并冷冷地应对，这也会破坏交际的气氛。因此，最顺当的方法是，先谦虚一番，然后继续保持着探索对方真意何在的姿态。由此就能够找出他隐藏于赞赏言辞后面的观察之心，并且判断出他是否对你怀有敌意或某种企图。

当然，人心是无法仅从肤浅的表面所能够了解的。有时，你认为自己已经了解了对方的想法，可实际上，这正是他为了掩饰自己的行动而故意施放的"烟幕弹"。

要想探测别人的内心世界，就得从对方的表情中读出真意来。表情是人类心灵沟通的重要工具，经由表情，可以达到交换彼此意见的目的。它能真实地反映人类内心的所思、所虑。无论一个人心里在打什么主意，他的表情都会立刻忠实地反映出来。不管对方说得如何动听，其表情也会出卖他自己。

微表情常常暴露人的本性

人的面部也是一种媒介，是一种信息传输器。面部器官可以被阅读，而且上面的信息量非常大。现代的科技就利用这一点来进行测谎。比如说人在说谎的时候，常常是眼睛看着一个方向，而手势是朝着另外一个方向，语言上结结巴巴，犹豫不定，我们可以判断对方在说谎；当人出现负面情绪的时候，眉毛上扬，挤在一起，这代表了恐惧、担忧、忧虑；嘴唇紧紧地抿着，鼻孔外翻则表示这个人有无法控制的怒气；人的嘴角下垂，下巴扬起，则表示这个人正在自责……

但是在观察的时候我们要仔细，因为微表情持续的时间非常短，实验表明，只有10%的人能够察觉到，但是和人们有意识地做出的表情相比，"微表情"更能体现人们真实的感受。虽然"微表情"常常被人们忽略，但是人们的大脑时时刻刻在受着影响，对别人表情的理解也在时时刻刻地改变着。所以在人们表现高兴的时候就非常自然，其中不含有微表情，那么我们就能判断这个人是真的高兴，但是你察觉到对方出现的一些"嗤之一笑"的微表情闪现，那么这个人的情绪就有可能是伪装出来的，通常被我们判断为"狡猾的""不可信的"。

微表情是人人都逃不掉的，因为这是人类的大脑受到刺激后的第一反应，迄今为止，人类的大脑还没有发达到能逃避大脑反射的能力。最初，人们对微表情的研究是针对情侣之间的，比如在20世纪60年代的时候，William Condon对瞬间互动研究表明，当丈夫把手伸过来的瞬间，妻子会以一种微弱的节奏移动她的肩膀。这是他对一段4秒半长的影视片段研究了近一年半的时间后得出的结论。而美国的心理学家则对情侣的录像进行研究，通过微动作和微表情来判断情侣什么时候会分手。

*Lie to Me*是一部专门针对人类的微表情进行研究，并把它运用到刑事侦探上的作品。当然上面的微表情判断有点夸张，对于一个人的微表情，需要很发达的大脑才能立刻判断出

他的意思和他的真实情感。在刑事犯罪的审问过程中，一般罪犯会拼命地掩饰自己的真实情绪，但是一个经常做狰狞表情或者是有暴力倾向的人，他的面部器官也会因为表情的持续而发生改变。比如说有一个人，他的眉毛向下皱在一起，眼睑上扬、眼袋紧绷，说明此人有攻击倾向；在小偷准备实施偷窃的行为时，他的鼻孔会不自觉地放大；大事故发生后，大脑会受到边缘系统的控制，面部表情出现恍惚、瞳孔放大、面部紧绷、五官普遍低垂的现象；当审问出现"你去过他家吗？""不，我没有去过他家"这样的对答时，罪犯的眼睛不断地闪烁，甚至是直视你的眼睛来判断你是否相信他。所谓相由心生这句话是非常正确的，一个假慈悲的人很容易暴露出他的本性。

通过人们的面部表情，就能断定自己对某个人的情感，也能断定某个人对刺激表现出的本能反应。这就是人们通常说的"本能感觉"。研究人员发现，眼睛收到的信息更加地准确和丰富，那就是人人都具有而人人又很难避免的微表情。

察言观色是掌风舵

察言观色是人际关系中的一种基本技术。如果你不会察言观色，那就等于不知风向便去掌舵，人情通达无从说起，处理不当，还会在小小的风浪中翻船。

人的直觉虽然敏感却很容易受到蒙蔽，懂得如何客观推理和判断才是察言观色的最佳武器，也是人们追求的顶级技能。

一个人的言辞能透露他的品格。眼神和表情能窥测他人的内心。坐姿、手势、衣着也会在不知不觉之中出卖它们的主人。言谈能告诉你一个人的地位、性格、品质以及流露的内心情绪。

如果说观色犹如察看天气，那么看一个的脸色就蕴含着很深的学问，因为不是所有人在所有时间和场合都会喜怒形于色，相反常常是"笑在脸上，哭在心里"。

下面我们一起来看看察言观色都有什么最佳的方法。

1. 由表及里

人与人的相处，察言观色说到底是对对方言谈举止、表情神态的微妙变化及其含义进行准确捕捉和判断，是一个"由表及里"的过程。

性格定向和语言定位是这个过程的第一步。性格定向就是通过对他的表情、言语、举止的观察分析，掌握他的性格类型。比如，你可以甩出一两个对方敏感的问题，静观一下他的反应方式和激烈程度。

值得注意的是，这种观察一定要细致入微，千万不要因为对方看上去似乎毫无反应就判断他是个傻瓜，正如看了悲剧有人流泪有人淡然，你不能说淡然的人就没有被感动。

在摸透了对方的性格类型之后，你就可以设法捕捉最能反映他思想活动的典型动作和典型部位，也就是"语言点的定位"。

眼、手、腿、脚，身体每一个部位的肌肉都可能是"语言点"的所在。有些基本现象的含义人人都大致了解，如腿的轻颤是心情悠然的表现；双眉倒竖、双目圆睁，是愤怒的特征；而微蹙眉头、轻咬嘴唇，则是思索的含义。

此外，还应该特别注意对方的手，尽管很多人可以巧妙地掩饰许多东西，但愤怒时往往要握紧双拳，或将纸烟、铅笔之类的东西捏坏，甚至两手一直发颤；兴奋紧张时双手揉搓，或者简直不知道该把手放在什么地方才好；思索时手指常下意识地在桌面、沙发扶手、大腿等地方有节奏地轻敲，这是一个普遍的动作。

2. 捕捉"决定性瞬间"

任何人对自己神情的掩饰都不可能做到绝对的滴水不漏。关键的问题是你在对方错综复杂的神情变化中，能否准确判断哪一个变化是起决定性的。

对于机智的人来说，他们弥补失误的本领也是异常高超的，他不可能给你很长时间洞悉他的破绽，因此，时机对你来说非常宝贵。至于，究竟什么才是"决定性瞬间"的具体显现，怎样才能将其判明并抓住，那就要具体情况具体分析，凭借你的经验和感觉来定夺它，并无固定模式可循。

3. 主动出击去探察

察言观色我们不要粗略地理解为是一种被动式的冷眼旁观。事实上它是一种主动进攻。采用一定的方式、手段去激发对方的情绪才是迅速、准确把握对方思想脉络的最佳武器。它包括以下几点：

轻松漫谈：在触及正题之前漫无边际地谈些与主题无关的话，目的在于观察对方的兴趣、爱好、习惯和学识等情况，如果对方正好感到无聊厌倦，那么你的漫谈还可起到放飞心绪的作用。

激将法：用一连串的刺激性问题主动出击，使对方兴奋进而失去情绪的控制。你还可以做出一些傲慢、看不起对方的姿态，对他的自尊造成一定的威胁，激发他的情绪。

逆来顺受：当你还没有吃透对方的脾气时，可以表现出一副怯懦无能的样子，当他错误地以为你是不堪一击的对手时，他对自身的控制就会有所放松，这时你就比较容易看出他的真实心态了。

施投诱饵：你可以看似无意、实则有心，用一些对对方具有吸引力的话题，来判断对方的心中所想，摸清对方的神情变化，以及心理活动表达出来的一些特点。

4. 深坐与浅坐的坐姿

在人际交往中，立姿是各种场合的一般状态。一般深坐的人，在精神上占有一定的优势，至少，他希望自己居高临下是一种肯定的姿态。而浅坐的人坐在位置上显示出他的不安与犹豫，不够坚定，似乎有一种屈居劣势的状态。

浅坐的人，在无意识中会表现出一种服从对方的心理来。当你在这种人面前时，千万不要过分显示自己的强大与傲慢，因为他们的内心很容易产生一种不平衡甚至会有反抗。

相反，你如果表现出对他的友好与关心，他一定会在心里喜欢你、接受你。愿意与你接近，这可以为拓展以后的关系奠定基础。

5. 谈话的主要内容

一言以蔽之，话题是多种多样的，倘若你想了解对方的性格与气质，最容易着手的步骤就是观察他喜欢说的话题及本身的情况。

关于这一点，最有趣的莫过于一次日本电视台上的一个现场节目，专门提到谈话者本身关心的话题。节目活动将谈话者的上半身隐藏起来，摄影机只能从后面拍，这种做法不但能提高视听者的好奇心与关心度，而且还能使表演者很露骨地提到性的问题。

后来，创办这个节目的导播透露，以这种方式进行谈话，谈话者会很平静，她们显得更加坦然，毫无顾虑地倾诉她们的烦恼与痛苦。

对于志愿出演的人员，节目制作人说："大多数希望上台表演的人，差不多都是一些心理危机比较严重的中年妇女，当我们前往收集材料时，对方都说得很干脆、很坦白，大部分的人都会提到关于性生活方面的问题，还有的是长久以来积压在心中的各种生活细节，她们会愉快地畅谈很长的时间，有关长久以来的生活细节……"

此后，根据节目制作人员的介绍发现，这些中年妇女最喜欢谈论自己，因为在她们的心目中自己才是值得欣赏的对象。她们都有一种错觉，认为世界是以她们为中心而转动。这是一种自我意识的充分表现，她们可以说是以自我为中心的任性者。

关于自我意识的问题，一般来说，女人比男人表现得更为强烈。从这档节目的内容和角度来看，那些演出者的表现，也以女性最为热烈、最容易激动。

她们开口闭口就会说："我的孩子……"总是以自己为中心去谈论和展开一些话题，有些人即使已经是成年人，但她们的话题也仍以自己身边的大小事情当作唯一的内容，从这种人的谈话内容我们就能够看得出她们的心理性格是不成熟的。

6. 由穿戴洞悉对方

由他人的穿戴服饰，能够加深对一个人的了解，性格豪放热烈者一般喜欢大红，如果经常穿橙黄色衣服的人，一般是一个热情好客之人，如常穿绿色服装的人多是高雅平和之人，当然，其中也不乏颇为清高的人，而喜欢淡蓝色服装的人通常是逍遥洒脱者，要是总穿深灰色服装的人在思想上较为保守，办事稳重沉着。

需要注意的是，以上所说的只是一种倾向和趋势，因为有些人的衣服，并不一定是自己挑选的，可能是出于工作的需要，或场合的不同而迫不得已的选择。

通过服装的款式，我们也能够了解到许多信息。如果对方经常穿违反习俗的服装，那么，他们会有着较强的优越感和个性。

喜欢穿华美衣服的人，通常都有较强烈的自我展示欲和一种求美求全的心理；穿着朴实的人性格较为顺从和善，做事情比较客观，可信赖。

倘若一个人完全沉溺于追求流行款式，那么他很有可能是一个情绪不够稳定的人，而且做起事来可能缺乏主见。

通过一个人的佩饰我们也能够得到一些认识对方的有益信息。比如，如果对方戴着一个低劣的戒指，但身上穿着华美的衣服，那么说明他很可能是个十分爱美之人，也可能是个爱慕虚荣的人。

倘若对方戴着名贵的戒指，而穿着比较朴素，那么，说明他是个有内涵并且比较理性之人。

倘若一个女子背的背包小巧玲珑，这不仅说明她非常注重外表，同时，也表明她的生活比较闲适，不是很紧张，没有压力。如果挎包比较大，说明她的事情很多，生活紧张，也有可能是个家庭主妇。

如果打开一个男人的提包，里面层次分明，东西摆放得有条不紊，那么，说明他是个办事严谨的人；相反，如果里面的东西杂乱无章，那么他也许是个办事不容易厘清头绪的人，也可能是个醉心追求事业的人。

从这些生活的实例中，我们得出结论，在与他人交谈的过程中，根据对方的谈话内容，我们能够通过察言观色去洞察其性格。

用幽默激活人际关系

幽默是激活人们良好沟通、化解矛盾、拓展人脉的催化剂。善用幽默，可以大大地减少交往中发生的摩擦，使我们的人际关系更加和谐。

我们都喜欢富有幽默感的人，即使你是个没有幽默感的人，对于幽默，大概也是欣赏与喜欢的吧？

因为，人的内心都本能地需要阳光与欢乐，而具有幽默感的人，他们的身上散发着这样温暖的阳光与快乐的气息。一个具有幽默感的人，总是能发掘事物有趣的一面，并欣赏生活中轻松的一面。这样的人，容易让周围的人感觉亲近，接近他，就可分享到生命的乐观，他带来的轻松愉快的气氛将萦绕在我们的身边，让人生增添华彩。

幽默，是一种超凡的魅力，人们用幽默使自己开心，使自己的精神超脱尘世的种种烦恼；用幽默来增加活力，使生活多一点趣味；用幽默来散播快乐，给人以欢笑、友爱与宽容。不仅如此，人们还用幽默润滑严酷的人际关系，它有用其他方法所无法超越的效果。

学会恰当地运用幽默，会使人们之间的沟通更加顺利，人际关系更加和谐融洽。幽默是我们生活中的调味料，它使我们的生活更加有滋有味。但是，再好的调味料，都不可滥用，就好比用盐，用一点可以使菜味鲜美，但用得太多，便会让人难以下咽。在沟通时，幽默要运用得当，方可发挥它的魅力。

虽然，幽默的力量，不会使你长高或减肥，不能帮你付清账单，也不能帮你干活，但它的确能帮助你解决人际关系问题，协调同龄或忘年之间的关系。当你希望成为一个克服障碍、赢得他人喜欢和信任的人时，千万别忽视这股神奇的力量。

幽默是你进行社交，拉近人际关系的桥梁。它的特点就是令人发笑，使人快乐、欢欣和愉悦，把这一特点恰到好处地运用到社交生活中，会取得令人叹为观止的效果。

有这样一个小例子：

一次，美国总统里根，在白宫钢琴演奏会上讲话时，夫人南希不小心连人带椅，跌落在台下的地毯上。正在讲话的里根确定了夫人并没有受伤，便插入一句说道：“亲爱的，我告诉过你，只有在我没有获得掌声的时候，你才应这样表演。”

台下，立刻响起了一片热烈的掌声。

这本来是一件令里根十分尴尬的事情，如果采取埋怨或者置之不理的办法，都会令人不快，不光是台下的人不快，也包括台上的人。而里根，在社交的危急之时，运用幽默，化险为夷，出奇制胜地获得了极佳的效果，显露出了他的机智、豁达，并拉近了和观众的距离。

社交在现实生活中，已具有越来越重要的位置。社交就是人与人的相互交往。社交的成功，就意味着彼此喜欢、彼此信任，并愿意互相帮助、互相支持。想要获得社交的成功，方法、因素固然很多，但幽默的作用，常常让我们惊喜连连。

心理学家凯瑟林告诉我们：“如果你能使一个人对你有好感，那么，也就可能使你周围的每一个人，甚至全世界的人，都对你有好感。只要你不是到处和人握手，笑脸相迎，而是以你的友善、机智、风趣，去传播你的信息，那么空间距离就会神奇消失。"

一些幽默理论认为，幽默能在参与者之间，产生一种强烈的伙伴感和一致对外的目标攻击性。幽默能一下子拉近两个人之间的感情距离，因为，一起笑的人，表明他们之间已经有了共同的兴趣、爱好，这是社交成功的第一步，也是很关键的一步。

如果是互相敌视的两个人，也会因幽默相逢一笑泯恩仇，化敌为友，这种事例不胜枚举。真正聪明的人，总是依靠幽默使社交变得更顺畅、更富人情味。如果你希望有所成就，希望引人注目，希望交到更多好朋友，希望在现实生活中立于不败之地，那么，你就应该学会和别人来点幽默、来点共同的笑。

幽默，是极易接近感情的一条热线，它像春风一样，使愉悦充满交际场，并且表达出你的真诚和温情。

幽默者，最富有人情味，与幽默者相处，你会学到宽容与豁达。

在一次聚会上，一位男士对坐在他对面的女士产生了好感，为了引起她的注意，于是他说道："见到你很高兴，你丈夫怎么没来？"

"对不起，我还没有出嫁……"

"噢，明白了，你丈夫是个光棍？"

比如，对方约你一同参加某项活动，如看电影、看画展、逛书市，这是正常的、公开场合的异性交往，完全可以大大方方地赴约。

女子端庄、坦荡、不使对方产生误解和非分之想；男子沉稳、庄重，尊重对方。但是，如果男女之间，总是充满神秘感，双方之间也总是充满了诱惑。这时候，可以用幽默的方式化解因诱惑而引起的尴尬。

如在一次航空俱乐部的聚会上，一位漂亮的空姐，身着晚装，胸部半裸，颈上系着的一个金色小飞机饰品，刚好垂在胸部。

一位年轻空军军官，显得十分腼腆，当他看到女孩子白皙、丰满的胸部时，便害羞地低下头。

这时，这位魅力诱人的女孩子便温柔沉静地对他说："啊，您喜欢这个金飞机吗？"

空军军官的话在不经意间脱口而出，话声虽低但很清楚："小飞机十分漂亮，可更漂亮的是……"

漂亮的女孩看了看飞机饰品。这时，空军军官最后鼓起勇气说："更漂亮的是机场……"

顿时，女孩子开心地笑了。

这句话，使漂亮的空姐感到十分意外。因为年轻的军官，并没有俗不可耐地说："漂亮的是你的胸部。"而是幽默地说"更漂亮的是机场……"，幽默，使他们深深地相互吸引。

只要采取合适智慧的交往方式，把握与异性交往的尺度和时机，诚恳对人，热情大方，自尊自重，便能让双方的感情迅速升华，赢得异性的尊重和爱情。

正是由于这样，幽默作为一种含蓄的异性交往方式，使得人们乐于此道，在恋爱生活中表达爱的情感，使人在欢笑中，体会到彼此的爱。

曾任美国总统的罗斯福，他年轻时体力比不上别人。有一次，他与大家一起去白特兰伐树，在晚上休息时，他们的领队询问白天每人伐树的成绩，这时，同伴中就有人答道："塔尔砍倒53棵，我砍倒49棵，罗斯福使劲咬断了17棵。"

这话对罗斯福来说，虽然不怎么顺耳，但他想到自己砍的树，确实和老鼠咬断树根一样，也不禁开心地笑了。

林语堂说：智慧的价值，就是教人笑自己。在现实生活中，如果拿自己的错误开开玩笑，使人开怀大笑，便已铺下了友谊之路。具有幽默色彩的欢笑，是你与别人进行内心沟通的捷径。

如果你还没有学会幽默，还不具备幽默的素质，那么你的生命就只剩下一半意义了。一个不会幽默的人，他的生活，将不可能拥有更多的欢乐，他也不可能拥有很多的朋友，更不可能使自己生活的质量有所提高。

幽默的语言，是智慧之光。一句得体的幽默，它所带来的感情冲击有足够的能量来消除人际间的误会和纷争，能够让人际关系变得更加和谐融洽。因此，幽默也是一种富有感染力和人情味的沟通艺术。

说话也不用那么直性子

做人，固然要正直、率性，但并不意味着说话都要直言。因为，不适当的直言，就如同说反话一样，是一种消极和否定的语言暗示，不仅使人抵触反感，还可能使人顾虑重重，增加心理压力；而恰当得体的婉言，意味着进行积极的语言暗示，避免了消极的语言暗示。

巧说话，不仅是一种策略，也是一门艺术。绕个弯子，含蓄委婉地说话，正是待人圆滑的表现。作为一个现代人，应当有这种文明意识，也需要我们掌握这种有利于人际交流的语言表达方式。

与人交往，难免有与他人意见不一致的时候，这时，你会怎样面对这种情况呢？是虚伪地迎合他人的观点，还是直言否定别人的意见？其实，巧说话的人知道，只有委婉地绕个弯子，提出自己的否定意见，才是让对方接受的最佳方法。

委婉，就是在提出否定意见之前，先对他人的观点表示一定程度的认可，接着话锋缓转，吐露自己的真实意见。这样，既顾及了别人的面子，又表露了自己的想法，可谓一举两得。

说话时，如果不假思索，想到什么就说什么，个人的弱点，很容易完全暴露。一个人的人格，与出言吐语有直接关系。人与人之间的相处与了解，大部分依赖说话这种方式来沟通，所以，说话技巧好，一席话说得人家心服口服，芥蒂就会涣然冰释。如果说话技巧失当，措辞不慎，很容易引起误会，感情就会日益变恶。

换句话说，同是一句话，说话技巧高的人，会让人家心悦诚服，没有说话技巧的人，可能会让人家动气，怒火上升。

一位理发老师傅带了个徒弟。徒弟学艺3个月后，正式上岗。

他给第一位顾客理完发，顾客照了照镜子说："头发留得太长。"徒弟不语。

老师傅站在一旁，笑着解释："头发长，使您显得更加含蓄，这叫藏而不露，很符合您的身份。"顾客听罢，高兴而去。

徒弟给第二位顾客理完发，顾客照了照镜子说："头发剪得太短了。"徒弟又无语。

老师傅笑着说道："头发短，使您显得精神、纯朴、厚道，使人感到亲切。"顾客听了，欢欣而去。

徒弟给第三位顾客理完发，顾客一边交钱，一边笑道："时间花得挺长啊。"徒弟无言。

老师傅笑着解释："为'首脑'多花点时间，很有必要，您没听说：进门苍头秀士，出门白面书生？"顾客听后，大笑而去。

徒弟给第四位顾客理完发，顾客一边付款一边笑道："动作还挺利索，20分钟就解决问题了。"徒弟有点不知所措，沉默不语。

老师傅笑着抢答："如今，时间就是金钱，'顶上功夫'速战速决，为您赢得了时间和金钱，何乐而不为？"顾客听了，含笑告辞。

晚上打烊的时候，徒弟怯怯地问师傅："您为什么处处替我说话？反过来，我没一次做对过。"老师傅宽厚地笑道："不错，每一件事都有它的两面性，有对有错，有利有弊。我之所以在顾客面前鼓励你，作用有二：第一，对顾客来说是讨人家喜欢，因为，谁都爱听吉言。第二，对你而言既是鼓励又是鞭策，因为万事开头难，我希望你以后把活做得更加漂亮。"

徒弟十分感动，从此，他越发刻苦学艺。日复一日，徒弟的技艺也越来越精湛。

由此可见，在日常生活中，不仅要会干，也要会说，由于说话水平不同，所获得的效果和回报，也会截然不同。

有一位外籍旅游者，在旅游期间自杀了，为了减少话语的刺激性，经过再三推敲，有关部门最后在死亡报告书上回避了"自杀"两字，而用了"从高处自行坠落"这一委婉语。

有时，即使动机是好的，如果语言不加讳饰，也容易招人反感。

比如，一位公车售票员说："请哪位同志给这位'大肚皮'让个座位。"尽管，有人让出了座位，但孕妇却没有去坐，"大肚皮"这一称呼，让她觉得十分难堪。

如果这句话换成："为了祖国的下一代，请哪位热心人，给这位'有喜'的女士，让个座位。"当有人让出座位时，孕妇就会对售票员表示诚挚的感谢，并愉快地坐下。

巴西的贝利，素称"世界球王"，他在足球场上的超凡技艺，不仅令万千观众心醉，而且常使场上对手也叫绝。他不知踢进过多少好球，当他创造的进球数满一千后，有人问他："你觉得哪个球踢得最好？"贝利笑笑回答："下一个。"他这机智的回答，委婉巧妙，在讲话时，不直陈本意，而是用婉转之词，加以烘托或暗示，让人思而得之，而且越揣摩，含义似乎就越深越多，因而，让球迷觉得更有吸引力和感染力。

卡耐基在《人性的弱点》一书中提出，当我们与他人的意见发生分歧时，每个人都会显示出强烈的自尊心和面子观念。所以，可以通过先扬后抑的方式提出你的想法，会产生不一样的效果。

在春秋后期，齐相晏子头脑机敏、能言善辩，经常成功劝谏齐景公轻赋省刑。有一天，齐景公的一匹爱马暴死，齐景公勃然大怒，不容分说就要把养马人用刀肢解。恰好此时晏子在齐景公身旁，当时侍卫已经持刀进来了，晏子不动声色地问齐景公："当年，尧舜肢解人时，从谁的身躯开始的？"齐景公回答道："从自身开始。"刚答完，齐景公便听出了晏子的言外之意。

这是晏子在委婉地批评他，于是，他下令不肢解养马人，改口说道："那么，就罚他下狱吧！"晏子说："好呀，但请允许我代大王历数他所犯下的罪过，这样，才能让他心服口服。"齐景公说："好，那就先听一听。"

于是，晏子开始历数养马人的"罪状"：国君让你养马，而你把马养死了，这是第一条死罪；而且，养死的是国君最喜爱的马，这是第二条死罪；你让国君因为一匹马这样的小事而杀人，让百姓知道了一定会埋怨国君残暴，要是让邻国听了也一定会耻笑国君，轻视齐国，这是第三条死罪。

"来人，把他打入大牢！"晏子虽是在历数养马人的罪状，可齐景公听明白了他的言外之意，便立即说："把养马人放了，不要因为这件小事，阻碍了我的仁政。"

可见，巧妙说话的效果，何等神奇。

在生活中，直来直去的说话方式，对于家人或交心的好友，还比较能让人接受。但就同事、上下级的关系来看，说话也直来直去，恐怕就多有不当了。下属与老板谈话时，最好巧绕弯，少直言。开始说话时，可以从题外话说起，而这题外话，又必须是和要说的主题相关，切忌离题万里，尽量让对方能够领会你的言外之意。这就要求说话者，既要有一张巧嘴，又得有丰富的学识。

卡耐基说："说话是一种艺术，但人们往往忽视这一种艺术。假如，你的口才好、谈锋甚健，可以使人家倾向你，可以用你的口才结交好友，它替你开辟途径，使你获得满意。譬如，你是一个律师，它便吸引了一切诉讼的当事人；假如你是一个医生，它便能替你吸引病人；如果，你是一个店主，它便帮你吸引顾客。"

第三章
微反应，让人更懂你

在现实生活中，很多人会刻意掩饰自己的行为和想法，实际上，即使伪装得很好的人，也会通过微表情泄露自己的意图，在与不同的人交往的过程中，我们既要读懂对方的微表情，也要通过适当的微反应进行回应。

察言观色，给出合适的微反应

如果与一个人长时间交往，自然就会慢慢了解其性格、思想等，但在日常生活中，有时需要在初次见面或在极短的见面时间内把对方看透。

一般来说，人与人交往都是首先从了解对方的人格开始的。从连"您好""再见"都不好意思说，逐步发展到互相赠礼物，并且允许在家里自由出入等，在整个过程中需要耐心、留心观察，切忌一腔热情泼出去，这是非常重要的。

若要了解一个人的人品，那就要预测其人的行动。

有一天，一个学生拜访了陈教授。因为该学生在期末考试中落榜了。如果负责这项工作的陈教授不设法给他加点分，他就要再留级一年，而且连好不容易确定下来的就业机会也将付诸东流。

对于这个学生来说可真是至关重要的大事。他哀求地对陈教授说："我是您的学生，今年的考试我完全失利了，实际上其他的科目考过了，就差您这门考试的分数，要是过不了大好的就业机会也将泡汤了。教授，您能否设法给我加点分？……"

教授的心也是肉长的，看学生边说边哭，于是他说："你不要这样说，这么说，不等于在吓唬我吗？"教授嘴里虽然这么说，但心里却想：可以多多少少地给他虚加一些。总之，能让他成功过关就是了。

可是，因为这个不懂读心术的学生，他没有察觉陈教授脸上呈现出的无声的允诺，所以造成了严重的后果。

学生无所顾忌地打开手里的书包，取出了一瓶进口的威士忌。顿时，陈教授的脸色一下子就变了，立刻憋了一肚子气。他对学生的贿赂行为产生了极度的反感，这比一般人贿赂更让他气愤，因为陈教授在学校里是很有名气的老师。

这样一来，学生冒犯了教授的尊严，留级的厄运是注定了的。然而，用同样的手法在李教授那里却顺顺当当成功了。

很显然，对于这个学生来说缺乏周密地考虑人的复杂性，对人的性情品格的了解十分肤浅。

如果说了解他人的气质、性格等是读心术的基本技能，那么，捕捉他人的态度和好恶等情感技术就是更深层次的能力了。

在日常生活中，人们向钟情的异性求爱时，为了不遭冷遇总是进行种种试探行动，想弄清对方有没有意中人以及对自己的印象如何。

现在的青年人在这方面掌握了一套过去的人无法比拟的技巧。之所以这样说，是因为他们在行动中没有表现出过去的人的那种羞怯。本来人与人相爱按社会规范来看，只要不属于特别不当的，就没有必要那么神秘和遮遮掩掩。即使不想先开口公开自己内心的感情，也想让对方逐渐了解自己的心怀，所以，就必定要通过各种各样的方式把爱的信号传递出去，尽力使对方了解自己的心意。

雄性孔雀在雌性孔雀面前开屏展示它美丽的羽毛，猴王在雌猴面前追逐同伙，都是向雌性显示自己的强壮与能耐。当然，对于人来说如果直截了当地说"我爱你"也未免不可，但那实在乏味了，在感情基础还不够坚固的时候，不宜过早说出"我爱你"，否则对方很快就会失去新鲜感，从而对你失去兴趣。

爱情和好意都是想方设法使对方觉察到的一种感情，所以要察觉它并不是很困难，但是，若在这种好意中隐藏着憎恨和敌意的话，情况就会完全不同。

比如，我们对某人一旦产生了敌意和憎恨，就绝不会愚蠢地表现出来，这在对方来说也是一样的。由此看来，人们很可能会被每天一起在同一单位工作的所谓好友或知己出卖。

同样，夫妻之间也是一样的，当对对方产生憎恨或委屈时，如果通过大吵大闹得以解决倒还好，而一旦转为内部情绪之后，要是双方各自遇到情投意合的人时，这段婚姻便将成为步入伪生活的阶梯，往往是同床异梦了。

所以，一旦不能及时抓住对方的心理活动，则事态的发展就会越来越严重，弄不好肉体生命和精神生命也会毁于一旦。这时，读心术就可以摇身一变而成为保护自己生命的护身术。

表面越是平静，当事人就越不容易察觉到这种憎恨和敌意，很多憎恨和敌意就是在这种情况下存在并滋生壮大的。

一般在怀有憎恨和敌意的人的心灵深处都存在着各种各样的思想疙瘩和无意识的欲望，这往往可以作为我们分析其人的关键。

笑容是一张全球通行证

笑容是一张全球通行证，中国人更是深谙个中三昧，中国文化中关于笑容的内容更是数不胜数。而在现实生活中，某些行业更是把笑容看作优秀员工的必备素质。

陌生人初见，一个自然而又亲切的微笑，会给好印象加分不少。人与人之间交流，首先是视觉印象，人的生活经历使人对笑容有本能般的理解，即笑容是快乐高兴的表情，而且这已经变成了一个不用思考的直接反应。陌生人微笑的含义被大脑直接解读为，这个人是乐意见到我的，他并不讨厌我。同时，快乐和讨厌等情绪是会彼此影响的，所以一个笑能够非常明显地提升陌生人之间的沟通效率。而作为服务行业的员工，被训练得近乎本能的笑容能够很好地掩饰员工情绪变化，毕竟人不可能一直保持很好的心情，它把情绪对服务的影响降到了最低。

熟人之间的笑容是关系维持和增进的基础，笑容作为情绪的表达，直接影响到交流的气氛。当双方都对所谈的话题感兴趣的时候，人的情绪总会有所表达，而适当时刻、适当程度的笑容，是最为常见的表达方式。而熟人聊天聊到高兴处，眉飞色舞甚至手舞足蹈也是很常见的情况。这种好的氛围会不知不觉中影响人的情绪，同时这种情绪会被大脑储存起来，于是关系就在不自觉间增进。

笑容作为现代人类最常见的表情之一，有的笑容可以非常轻易地判断出笑容是否与真实的感情相匹配，例如有的笑容很机械。就如大多数的人都能够分得清楚什么是尴尬的笑容。当一个人不愿意让人知道的心事被挑明时，就会自然地感到尴尬，这是人对环境的本能反应。这时候的笑容往往很轻，声音中也没有令人可以理解为愉悦的成分，而眼睛的表现也和开心时不一样。这个笑容同时具有另外一个作用，就是缓解气氛，减轻自身的压力。

小李是一名刚分到工厂的女大学生，她姿色身材都是一般，并不是很出众。但是她却得到了比其他女孩更多的照顾和配合。例如同样去别的车间领东西，小李去的话，先是找到地方，然后笑着问她所遇到的人，她需要的东西在什么地方或者是找谁能够拿到，往往她会得到热心的指点，甚至是领她到东西所在的地方。其他新来的女大学生就不一定能够享受到这个待遇了，有时她们得到的只是随手一指，然后人家就开始忙自己的事情了。虽然有的女大学生比小李还要漂亮。

而在工作的过程中，小李遇到问题的时候，总是笑着问师傅们，只要不是太忙，她的问题总是能够得到很好的解答。而其他的女大学生有的由于害羞不好意思问，有的不知道笑，而师傅们则是草草地回答了问题。总之是都没有对小李那么尽心。

案例中，小李的笑容就是她能够显得与众不同的重要原因之一。她的笑容被人理解为乐于融入工人生活中的一种表现，而别的人因为不笑或者是笑得不够甜，让人理解为"你看不起我，你不是自己人"等。这些直接影响到了所接触对象的情绪，进而使双方的互动程度不够。而小李在问师傅们问题时的笑容，在师傅们的眼中就变成了"小李对问师傅们问题没有一点的不情愿"，而且"小李是非常愿意向师傅们学习的"。所以小李能够得到很好的解答。而问问题时不带表情往往被人视为诚意不够，因为领导问问题时往往不带表情。

笑容是人类重要的微反应之一，它是人能够顺畅地在社会中生活的重要技能。它能够在无形中拉近陌生人之间的距离，消除熟人之间的误会并且增进感情，驱走沟通交流时负面的气氛，把沟通交流变成一件快乐的事情。

每个人都有"被喜欢心理"

1982年，美国威斯康星大学，曾做过这样一个实验：

实验人员让水平相当的甲、乙两支队伍进行保龄球比赛，比赛一共进行三天。

第一天两队的成绩相当。比赛结束后，教练走过去对甲队队员说："你们很棒，打到了不错的成绩，继续加油！"

而对乙队队员，教练却开始训斥："怎么打得这么差，平时我怎么教你们的全忘了吗？"

面对不同态度的教练员，甲队队员得到了很大鼓舞，在随后的比赛中他们越打越好，而乙队队员感到非常不耐烦，越打越糟糕。

三天后，甲队的每个队员都和教练关系不错，而乙队没有一个人对教练表示好感。

很明显，甲队最终赢得了比赛。

这个实验向人们传达了这样一个心理规律：对自己喜欢或亲近的人提出的事情和要求，人们接受起来会更容易，不会产生排斥感。后来，人们把这个道理扩展到人际交往中。心理学认为，在人际交往中，如果你想得到人们的欢迎，或者支持同意你的观点或行为，仅仅提出良好的建议是远远不够的，必须让人们喜欢你。心理学家将这种现象称为"互悦机制"，也叫作"对等吸引率"，通俗地说就是"两情相悦"，在人际交往中，这是一种很自然的心理规律。

世界上著名的推销人，也是最了不起的卖车人乔·吉拉德成功的秘诀就是让顾客喜欢他，为了博得顾客的喜欢，他会去做一些在别人看来非常微不足道的事情。比如，每一个节日他都会给他的1.3万名顾客每人送去一张问候的卡片，卡片的内容会伴随着节日的变化而变化，且在他所寄出的每张卡片的封面上还会写着永远不变的同一句话："我喜欢你。"用吉拉德的话来说:"我寄出卡片的最终目的,只是想告诉人们我喜欢他们。"

吉拉德正是借助这种方式,平均每一个工作日都会卖掉五辆车,使自己每年的收入都超过20万美元,创下连续12年销售第一名的纪录,他还因此被吉尼斯世界纪录称为世界上"最了不起的卖车人"。

许多人在内心深处都有"被喜欢心理",在人际关系中,如果你能够对别人表示出仰慕,那么别人对你也会有同样的举动,如果你能够首先做到喜欢别人,那么别人还会不喜欢你吗?互惠原理说,你的行为会让他人孕育同样的行为,你的友善会让他人孕育同样的友善,你怎样对待别人,别人就会怎样对待你,你喜欢他人,他人才能喜欢你。聪明的人常能设法满足他人的这种心理,让同事接纳自己、喜欢自己。

一天早晨,小薇身着一身新衣来到办公室,看到同事吴姐问:

"看看,吴姐,我这身衣服怎么样?"

吴姐立马回应道:"不错,不错,一定很贵吧。"

小薇得意地说:"花了我800块钱呢。"喜悦之情溢于言表。

一会儿,小薇对面新来的同事小江来到办公室,小薇随口问:"看看,我买的新衣服。"小江审视了半天,慎重地说道:"小薇姐,你这衣服款式太老了。"

"花了我800块钱呢。"小薇想从价格上反驳小江。

"800块?我表姐就是卖衣服的,她店里就有这款衣服,300块还价就卖。"

小江的话让小薇难受了一上午。

吴姐要比小江聪明多了，对于小薇的这身衣服，她也看出不足来了，但就是没说。所以，在办公室里吴姐最有人缘。

通过互悦机制的心理学效应，人们可以看出这样的道理：人与人相处，就得将心比心、以心换心。生活中人们经常会有这样的体会：当自己想得到别人的喜欢，而那个人也喜欢自己时，人们会对那个人的喜欢更多一些。

既然喜欢别人在人际关系中如此重要，那么该如何让别人感受到你喜欢他呢？可以直接说："我喜欢你。"但这不是最好的办法，最好的办法是在你的言辞中，对对方的某方面优点表现出称赞、敬佩。羡慕对方，但赞美要真诚，不要夸夸其谈，这会给人以讽刺之感。平时还要多关心对方，因为这也是"我喜欢你"的表现。

人与人相处，就得将心比心、以心换心。只有在微表情中透露钦佩、敬仰、赞美之情，传达出喜欢对方的信息，对方才能以同样的方式喜欢你，进而愿意为你做你想让他做的事情。

物极必反，"随和"有度

随和似乎就像谦虚和宽容一样，作为一种高境界的处世美德，一直被人们推崇备至。随和，是和同事交往最有力的工具，是职业圈中的宠儿和骄子，会使你工作顺手、心情愉快；随和，是一个人拥有高度修养与内涵的表现和升华，是高瞻远瞩，是宽宏大度，更是豁达潇洒的外化……随和是一种美德，是我们人生中一门必修的功课。

一方面很多人会因为这份"随和"而赢得更好的人际关

系，但另一方面，一个不容人们回避的事实是：任何事都是过犹不及，如果你过分表现出随和的一面，那就会让人觉得你柔弱、好欺负，那么在你的事业发展中就一定会遇到不小的障碍。

小薇是一家大型公司的公关部助理，由于工作性质的原因，她经常要和公司上上下下的人打交道，不过，由于她深知在大公司做事人际关系的重要和人言可畏的后果，所以，她为人一向比较随和，不喜欢争执，一开始就和同事们建立了良好的关系。

在平时的工作中，她处处留心、谨小慎微，对于同事所提出的所有创意和做法都表示赞同，更从来没说过任何反对的话；对每个人，她也都是有求必应，笑脸相迎，从来没有对周围的人说过一个"不"字，生怕得罪了同事或上司，生出什么枝节。

对于自己这样为人处世的方式，小薇本以为算得上是天衣无缝、无懈可击了，不但不会为自己带来麻烦，还会为自己赢得绝佳的人缘，可算是高枕无忧了。

可是，不知为什么，随着时间的推移，她却渐渐地成了办公室里最遭冷待的一个人，部门里每次讨论什么事情的时候，好像总是忘记了她的存在；同事们有什么聚会，也很少邀请她参加。

对此，小薇感到疑惑和委屈，因为她自感没有做错任何事，反而由于自己对别人有求必应，使自己在无形当中做了许多额外的工作，占用了自己的大量时间。她实在不明白，自己对他们这么好，难道他们一点都不记得，或者就没感觉到？

有一段时间，不知道为什么，同一部门的刘莉老是处处和她过不去，有时候还故意在别人面前指桑骂槐，合作时也都有意让她承担较多的工作任务。

虽然小薇对于刘莉的态度有着满腹的不平，不过，她仍然秉持着自己一贯的随和态度，尽量避免和刘莉发生冲突，她觉得既然大家都是同事，也就没什么大不了的，忍一忍也就算了。

直到有一天，小薇由于疏忽忘了把刘莉的工作报告交给经理，这使刘莉对她更加不满，愤愤不平地对其他同事说："你看小薇那样，真让人觉得虚伪，果然，她为了报复我连这种小动作都使！"

有个同事赞同地点点头："是呀，小薇虽然看上去很好说话，跟谁关系都挺好，可却总让人感觉心里不踏实，她似乎跟谁都隔着一层，让人无法信任。"

另一个同事则公正地评价道："小薇可能也没那么坏心眼，不过，她确实让人感觉不到她有什么自我，她对什么事似乎都不会有不同的意见，也不会有不同的见解。让人捉摸不透啊！"

……

刘莉和同事背地里说的这番话，恰巧被小薇路过时听到，她这才恍然大悟：原来正是由于自己过度的"随和"，才使人感觉不到她与人交往时的真诚，从而给人以虚伪的感觉，让人不可相信；更是由于她过度的"随和"，让她虽然没有得罪任何人，但失去了自我。

显然，小薇这种过度"随和"，反而使自己陷入了一种尴尬的境地。其实，像小薇这种心理的人为数不少，有很多职场"强人""以身犯险"，在"实践"着这种错误。有的时候，随和不仅仅意味着好说话，它更意味着迁就别人、没主见。比如，你对同事和上司过度"随和"，那只会给别人一种随便怎样都好的感觉，甚至让人感觉你虚伪，应付他们。这样一来，就不会有同事愿意接近你。

当然，这并不是说，你对人就一定要凶神恶煞——随和并不是一种过错，也并不是一点都不可以保存，适度的随和恰恰是打造人际关系的灵丹妙药！当你过度随和时，那么随和便已经成为一种虚假的代名词，会使我们受到极大的伤害、遭受巨大的损失。此时，"刚性"变成了一种必然的选择。

掌握惋惜神情的要领

人的惋惜之情往往更多地寄托在眼睛上，眼神的空洞，眼神的幽怨，眼神的无奈，眼神的绝望……一双会说话的眼睛便可以将万千惋惜的话语在瞬间无声地表达出来。人在表达惋惜时，通常有以下几种表现：

一是眼神幽怨地盯着对方。这个时候的眼神是极其复杂的，直勾勾地看着对方，也能传达出一些意思，比如"你看看，你看看，白白浪费一次好机会""这下好了吧？无法挽回了吧？"。

二是深叹一口气，然后眼神空洞地摇了摇头。这便是比较直白的表现，表示"实在太可惜了"，所以让人有些无奈，有些无法接受。

三是头低下，眼皮低垂，沉默。这个展现的程度往往显得更深一些，给人一种"太过惋惜而到了无语的地步""惋惜得有些绝望"的感觉。

直属上司因工作失误被停职了，工作能力相对突出的李青被赶鸭子上架，坐上了主管的位置。工作了五年，因为上司工作能力突出，所以李青一度认为"在这样的上司手下工作，永远也没有出头之日，因为他的光芒永远会盖过你"。但是，机会就这么在某一天突然降临了。

有时，幸福来得就是这么快。

无疑，李青的心中是兴奋的。他第一时间打电话给老婆，共享好消息，然后又拿起计算器，计算每月工资涨幅是多少，年终奖金涨幅又是多少，一次升迁一年下来能给自己带来多少实际的财富。

另外，职场就这样，职员如果不升职，也许十年八年，永远也升不了职，但一旦升了一次职，那么就会有第二次、第三次……而且是越升越高，因为高层的缺失往往不会直接从职员晋升，会从中层或低层管理者中挑选。

李青的幸福是建立在前任的痛苦之上的，共事五年，虽一直是上下级关系，也不曾过多接触、被重用，但表面的功夫还是要做的，不能让老上司认为"人走茶凉"，觉得自己没有人情味。

于是，老上司来公司做完结算，抱着私有物品准备离开时，办公室全员起身告别。

李青也热情地走上前来，握住前任上司的手说："唉，真是，您这一走，我们心里都觉得空落落的。您以前就是我们的照明灯啊，没你我们可怎么办啊？"

"不是有你呢嘛，你用心做好就行……"

听到此，李青不禁不好意思地笑了笑说："哪儿呀。我这是赶鸭子上架，好多事还得自己摸索，要是有您这样的老领导带着该多好。"说着，叹了一口气，但眼神里却看不到伤感，反而有着一股光芒，显得有些神采奕奕。

老领导拍了拍李青的肩膀，然后低着头，头略偏向肩膀

45度角，缓缓地摇了摇头说了句："唉……好好干吧！"说完便走了。

李青虽然想要做足面子功夫，在老领导及同事们的面前做出"对老领导的离开极其惋惜"的样子，但是，语言上虽然没有什么破绽，可是李青的眼神却露出了马脚。老领导从李青的眼神中读到的不是真心的惋惜，而是即将上任、大展宏图的兴奋。

一个真心惋惜的人，眼神里是不会有喜悦的。对于某种事物的惋惜，会让人生出一股忧伤来，所以，人在表达惋惜时总是免不了一些消极的情绪。尤其是在惋惜他人的离开时，是不会带着笑的，李青即便转而又叹了口气，但眼神里却仍散发着兴奋的光芒。

而对于老领导最后的神情，才是真正的惋惜，"低着头，头略偏向肩膀45度角，缓缓地摇了摇头……"，这看似是对李青的鼓励，其实是在表达自己的一种无奈，自己对自己的惋惜。

了解为难表情的传递方式

没有人是万能的，每个人都有遇到困难的时候，因此在生活中，我们或者别人总是求对方办点事，解决一下困难。当对方有这个能力帮我们顺利解决掉困难之后，我们的心里总是会对对方充满感激，而当对方有一定的难处不能帮助我们解决问题的时候，对方总会流露出一些为难的表情，对方这是在告诉我们："我很想帮你，但是确实我也有难处，无能为力啊……"

当我们接收到此类信息之后，心里就会立刻明白对方不方便帮助我们，这时，我们需要想其他的办法。但是，由于每个人的性格及行事方式不同，他们表达为难表情的时候是不同的，因此，我们需要了解为难表情的传递方式，以便做出准确的应对。

反过来讲，如果对方求助我们办一些事情，而我们在不方便的时候，直接拒绝可能会伤害到彼此之间的感情，拐弯抹角又会显得自己心计太深，所以，我们需要把握一些为难表情的应用，在关键的时候传递给对方，以示自己心有余而力不足。

高林出生在农村，在2010年大学毕业后，通过公考成为某县政府的一名公务员。三年后调至计生站当主任，有一定的权力。按道理说，他大学毕业就考上公务员，三年后又担任重要职务，在农村来说已经是非常了不起的人物了。可是他却因为家里的事情特别苦恼，这是什么原因呢？

由于在农村高林的家里有很多的亲戚，他们在得知他考上公务员，并且在计生站工作的时候，亲戚似乎越来越多，什么七大姑八大姨有事没事总是来高林的家里帮高林父母干点农活，这让高林很是高兴，甚至有一种骄傲。他父母觉得这都是高林有出息了，才让自己有"面子"。

计划生育是国家的基本国策，高林深深知道这份工作的重要性，可是不少亲戚总是直接或者通过父母找他通融自己孩子生二胎、三胎的问题。如果说办，自己也能够办到，但是这会违反国家政策，不办的话又会影响与亲戚之间的关系，所以他苦恼至极。

正好那几天站里来了一位新同事，这位同事对心理学有一定的研究，在听到高林的苦恼之后，他很有把握地说："既然你不能直接拒绝，那么你就用表情告诉你家亲戚及父母，让他们知道你的难处。"

高林有点纳闷，问道："表情？这个怎么表达啊？"

这位同事随后凑上来给高林耳语了一番，并保证高林不说一句话就可以将此事搞定。

这天，高林刚回到家坐在沙发上，母亲就走了过来说："林子啊，你三嫂家的大儿子准备再生一胎，你看……"

这时高林皱起了眉头，并拿出了一张报纸给母亲看，上面写的是某官员因为滥用职权而被给予处分。母亲看到这一切之后没有再说话，不一会儿三嫂来了，进门寒暄了几句就开始给高林说自己儿子的事情，这时高林面对三嫂，苦笑了一下。母亲拿起报纸给三嫂说了说，三嫂自言自语地说："哦，这事情确实也不好办啊……"

高林是用什么方法拒绝了母亲与亲戚给自己的难题的呢？那就是为难的表情。其实在生活中有很多事情会面临不好拒绝但又无法接受的局面，而解决此问题最好的方法就是向对方传递为难的表情，让对方感受到你确实没有办法，这样既可以让对方感受到你的心有余而力不足，也可以避免直接拒绝造成的消极影响。

我们可以通过读懂对方"为难"的表情来了解对方的心理，也可以利用"为难"的表情来解决你心中的为难，两者之间并不矛盾。

这些微表情千万不能有

直觉敏锐的客户初次与人接触时往往仅看一下对方的眼睛就能判断出"这个人可信"或"要当心这小子耍花样"，有的人甚至可以透过对方的眼神来判断他工作能力的强弱。

　　能否博得对方好感，眼神可以起主要的作用。言行态度不太成熟的人，只要他的眼神好，有生气，即可一俊遮百丑；反之，即使能说会道，如果眼睛不发光或眼神不好，也不能博得客户的青睐，反而会落得"光会要嘴皮子"的下场。

　　不论你如何强烈地反驳对方都必须笑容满面，如果不笑就无法保持温柔的眼神。在生意人的"辞典"里，不应该有嘲笑的眼神、怜悯的眼神、狰狞的眼神或愤怒的眼神等字眼。只有一些需要克服的不当眼神：

　　1. 不正面看人

　　不敢正面看人可表现为不正视对方的脸，不断地改变视线以离开对方的视线，低着头说话，眼睛盯着天花板或墙壁等没有人的地方说话，斜着眼睛看一眼对方后立刻转移视线，直愣愣地看着对方，与对方的视线相交时立刻慌慌张张地转移视线，等等。

　　大家都知道，怯懦的人、害羞的人或神经过敏的人是做不成生意的。哪怕你只有那么一点毛病也必须立刻改掉。不妨在和家人朋友谈话时，下功夫用眼睛盯着对方来进行训练，使自己能以平常心说话。

　　2. 贼溜溜的眼神

　　如果有一双贼溜溜的眼神可就麻烦了。有的人因职业关系访问客户时有目的地带着一双柔和的眼神，可是一旦紧张或认真起来则原形毕露，瞪着一双可怕的贼眼，反而把客户吓一大跳。

　　带有贼溜溜眼神的人仅在从事销售工作时注意还不够，必须时时刻刻注意自己平时的日常生活，养成使自己的眼神温和的习惯。如果想从根本上解决的话，对一切宽宏大量是治疗这种眼神的唯一办法。

3. 混浊的眼

上了年纪的人眼睛混浊是正常现象。但是有的人年纪轻轻的却也眼睛混浊布满着血丝。这样的人给人一种不清洁的感觉，甚至被误认为此人的人格也是卑下的。作为一名商务人员来说这是非常不利的情况。

只要不是眼病，年轻人的眼睛本不会混浊。眼睛混浊的年轻人往往是由睡眠不足和不注意眼睛卫生所引起的，因此，一定要注意睡眠和眼睛卫生。

4. 冷眼

心眼儿冷酷无情，眼睛也给人一种冷冰冰的感觉：有的人心眼儿虽然很好，可是两眼看起来却冷若冰霜，例如理智胜过感情的人、缺乏表情变化的人、自尊心过强的人或性格刚强的人等往往有上述现象。这种人很容易被人误解，因而为人所嫌弃，若从事商务活动则不会有所成就。

因此，上述这类生意人应对着镜子，琢磨如何才能使自己的眼神变得柔和和亲切及惹人喜欢，同时也要研究一下心理学。如果对自己的矫正还不太放心，可请教一下朋友。

5. 直愣愣的眼神

出差访问客户时，环顾四周是件非常重要的事。目不斜视直愣愣地朝着对方的办公桌走去，是没有经验的表现。那应该怎么办呢？首先，要环顾一下四周，视线能及的人就走上前去打个招呼，远的就礼貌地行个注目礼。

客户单位的主管、一般的工作人员即使与你的业务并无直接关系，也要诚心诚意地向他们打招呼，这样不但可以提高你的声望，而且在某些情况下他们还会给你意想不到的帮助。

另外，和很多客户说话时行注目礼也是很重要的事，要一边移动视线交互看着全体人员的脸，一边说话。一般来说，大家比较注意发言多的客户，而忽视了不发言的客户，这就有点失礼了。对一言不发的客户也要注意到，这样一来气氛就大不一样了。

沟通要选对时机

在美国电影里，当有人心情不好的时候，我们经常会从这个人的嘴里听到一句话："Leave me alone."（别理我，让我单独待一会儿。）

一旦心情不好的人抛出这句话，就意味着此时此刻，其毫无与他人交流的欲望。反之，如果一个人的心情似太阳般灿烂，那他一定特别乐意与人交流，有时候甚至还会毫不犹豫地答应对方提出来的要求。

这就是所谓的"好心情效应"，常言道，人逢喜事精神爽，一个人在开心的时候，眉眼之间往往散发着动人的光彩，让旁边的人忍不住去亲近他。混迹职场多年，我曾见过许多同事之间、上级与下级之间的摩擦和冲突。很多时候，两者之间并没有什么过节，仅仅因为有一方心情不好，另一方又不合时机地撞到了他的枪口上，所以才导致矛盾的出现。

张峰最近有点魂不守舍，工作中常常出差错不说，有一次，就连公司老板站在他面前叫他的名字，他都神游太虚搞不清状况。

同事们担心他遇到了什么烦心事，连忙关切地问道："张峰，你这几天状态不行啦，是不是身体不舒服啊？"

张峰摆了摆手，说道："没有，没有，我身体好着呢！"

同事们不相信，仍旧追问道："身体不舒服不要硬撑着，你看你这一阵在工作上老出纰漏，还经常一个人发呆。"

看着同事们关心的眼神，张峰只好说出了自己的难言之隐："唉，我女朋友最近跟我闹分手，你们也知道，我在公司干了好几年了，可薪水一直不见涨，再这样下去，我什么时候才能攒够买房子的首付呢？"

"原来你为这事儿操心啊！要不这样，你试着跟老板提一提呗，虽然咱们老板表面上看起来特别抠，但人还是挺通情达理的。大家同是男人，相信他一定能理解你的苦衷，不会怪你提出来要加薪的！"同事小张建议道。

在同事们的鼓励下，张峰壮起胆子敲了敲老板办公室的门。得到老板的许可后，张峰小心翼翼地走进了老板的办公室，一进办公室，张峰就发现满地都是文件，抬头一看，老板正双眉紧蹙地坐在办公桌的后面。

"张峰，你找我有什么事儿吗？"老板沉着嗓子说道。

张峰一听这声音，就知道老板现在的心情肯定不太好，可他等不及了，加薪的事儿必须要向老板提出来。于是，他咽了咽口水，语带紧张地说道："老板，我今天来……来是想和您谈谈我的……我的薪水问题。"

结结巴巴地把自己的来意说明后，张峰就一直低着头不敢再说话，办公室的气氛一下子陷入了沉默，老板也不说话，两个人僵持了大概有两分钟。

最后，老板突然冷笑了两声，讥讽地回道："怎么？你也觉得自己最近工作效率不太好，所以今天来我办公室主动要求减薪？"原来，老板早就注意到了张峰的情绪反常，可念在他是公司的老员工，就不跟他多做计较了。谁料，他今天竟敢大言不惭地要求加薪，自己的心情本来就不好，他这么做简直是搬起石头砸自己的脚，想要加薪，门都没有！

听到老板的冷嘲热讽后，张峰顿时吓出了一身冷汗，他忙不迭地说："老板，对不起，因为我女朋友最近吵着要跟我分手，所以我才在工作上分心，我以后一定不会了，请老板给我一次机会，我现在立马去工作！"

说完，不等老板的回话，张峰就落荒而逃了。

这个故事告诉我们，沟通应该选择恰当的时机，毕竟公司的同事和老板不是我们的血缘至亲，彼此间很容易就会因为一些小事闹得不可开交，轻则影响我们的职场人缘，重则害我们丢掉工作的饭碗。

既然我们已经知道，一个人在心情好的时候更愿意与人交流，那我们在人际交往的过程中，就要尽量避免在人心情不好的时候与其交谈、对其提要求等。因为只有别人心情好了，我们抛出去的话题，才能得到想要的回应。

第四章
微动作，肢体语言攻心术

　　每个人都会有自己喜欢的"小"动作，每个动作其实都有自己的含义，反映着一个人的性格，你知道如何通过一些微动作看出一个人的性格吗？

别让肢体语言"出卖"了你

实验证明，一个人向外界传递信息时，只有8%是通过语言传递的，另外的37%是通过声调、语气这些来表达的，剩余的55%是通过肢体语言等信息来传达的。在传达信息时，肢体语言是人们下意识的举动。姿势是无声的语言，人们的身体语言虽然各具特色，而且这些姿势大都是无意识中显现出来的，但是从这些肢体语言中，却能读出人的心理活动。

肢体语言是人们内心活动的一种反映，不同的语言表示着不同的信息。要想了解一个人的内心，不妨读懂这些语言，这对了解一个人的内心是很有帮助的。

随着时间不经意的流逝，焦阿美觉得结婚就像一道美味的佳肴，吃得久了，便也吃不出什么味道来了，焦阿美开始厌烦这样的生活。在这个时候，她遇到了一个男人，较之于丈夫的单薄和寡味，她看到了一个除丈夫之外全新的世界，她为自己能拥有这个世界而心动不已。

焦阿美终于下定决心，和现在不懂风情的丈夫离婚，和自己心爱的男人结婚。

可是，新的婚姻并没有给焦阿美带来长久的幸福，她很难相信，这个男人是个十足的坏蛋，不仅在外拈花惹草，还动不动施以家庭暴力。半年不到，她已经受够了欺辱。

这天，焦阿美又被打得遍体鳞伤，她顾不得漫天大雪逃了出来，无助的她只能求救于那个单薄而寡味的前夫。

前夫把她接到家中，看到她被打的样子，两个人只是坐在客厅的沙发上长时间地沉默。沉默中，她拿出随身的小剪刀开始修理指甲。或许这把小剪刀用的时间长了，有些钝，不大好使。

"你把茶几上的那把新剪刀递给我用用，这把旧的不好使了。"她说。

前夫微欠起身子把剪刀拿在手里，转身递给了她。她突然大哭起来，就在前夫给她递来剪刀的时候，她想起了半年前，她去见她的那个男人。两个人坐在客厅里开心地聊。

"吃个苹果吧。"男人很殷勤，在给她削苹果。

看到男人笨拙的样子，她说："我来吧。"

男人把刀递给了她，可是，就在她接过刀的时候，她的手指碰到了锋利的刀口，手被划破了一个小小的口子，血流了出来。

男人表示很歉意，很心疼的样子。她心里觉得很温暖。

就在那一天，她背叛了自己的丈夫。

今天，前夫在递剪刀给她的时候，刀柄冲着自己，刀尖是冲向他的。而那一天，那个男人是将刀柄冲着自己，刀尖是冲向她的。

"你怎么这样递剪刀呢？"她问。

"我一直都是这样递剪刀给你的，"前夫说，"你总是那么大大咧咧，刀尖要是冲着你，你随手一接，还不把手给划破了。"

"是吗，我以前怎么没注意到？"她说，心蓦然像被什么东西又狠刺了一下。

"或许是太平常了吧……"前夫微扬起头故作轻松地笑，但最终还是低下头去。

　　时间仿佛凝固在了这一刻，她止不住泪如泉涌。是的，前夫一直是这么爱她的，前夫给予她的一直是刀柄之爱，不让她受到任何伤害。

　　递刀的方式不同，男人对她的态度也有所不同。人的肢体会说话，可以反映真实也可以揭露谎言。焦阿美要是早些注意到两个男人的这些行为细节，或许就不会犯下这辈子难以弥补的错误。的确，不管一个人如何舌灿莲花，他的身体不会说谎。所以，在解读他人心意的时候，不要只听对方说了些什么，更要紧的是应有意识地观察对方的肢体语言，才能够较为真实地洞悉其内心。

　　不怕人掩饰，他的肢体会说话。聪明人应该注意人的肢体语言，从中解读人的内心世界。那么，该怎么看人的肢体语言呢？其实，解读人的肢体语言并不难，比如，眉头皱起，目光专注，可能表示不悦、不赞成或者是表示关注、思索；紧紧地抿住嘴唇，往往表现出意志坚决。如果紧抿嘴唇，且避免接触他人的目光，可能表明他心中有某种秘密，此时不想透露。嘴唇常不自觉地张着，呈现出倦怠疏懒的模样，说明他可能对自己、对自己所处的环境感到厌烦。手臂交叉放在胸前，有时是因为觉得很冷，有时是因为过分地紧张或害羞，但也可以理解为"你所说的事情对我产生一种莫名其妙的威胁，使我拒绝再继续听下去"。人在说谎的时候总是不自觉地做出一些小动作来掩饰自己内心的不安，比如，如果一个同你谈话的人，常伴有掩嘴的手势，说明他也许正在说谎话。

　　在日常生活中，具体有以下一些动作需要我们去注意：

　　爱边说边笑的人：

　　这种人与你交流时你会感到气氛十分轻松愉快。他们阳光朝气、性格开朗，对生活从不苛求，他们懂得"知足常乐"，富有人情味。感情专一，对感情格外珍惜。人缘口碑都不错，喜爱平静的生活。

爱掰手指节的人：

这种人总是有意无意地把自己的手指掰得咯咯作响。他们精力较常人来说旺盛一些，和很多人都能谈得来，喜欢钻"牛角尖"。对人对事物较挑剔，对于自己喜欢做的事情，会不择手段、不遗余力地干。

爱腿脚抖动的人：

这种人总是无意识地喜欢通过脚或脚尖使整个腿部抖动；当然他们很自私，很少为他人考虑，凡事功利心很强，做人也小气，对自己的认识却很清楚。勤于思考，能发现很多有建设性意义的观点。

爱拍打头部的人：

这个动作通常是表示懊悔和自我谴责。他们待人苛刻，但对于事业有高瞻远瞩、改革创新的优势。这种人心直口快，也容易得罪人，为人真诚，有同情心，爱帮助他人，但经常祸从口出、守不住秘密。

爱摆弄饰物的人：

当然，这种人一般多为女性！性格比较内向，对于感情封闭得很严实。她们的另一个特点是心思缜密、做事认真踏实！

爱耸肩摊手的人：

这种动作表示了无所谓的意义。为人热情积极，真切诚恳，富有想象力、创造力，喜欢享受生活，心胸开阔，努力追求幸福，渴望生活在和睦、舒畅的环境中。

爱抹嘴捏鼻的人：

习惯于抹嘴捏鼻的人，喜欢与别人开玩笑，却又不是一个勇于担当的人，沉溺于哗众取宠。这种人喜爱被人支配，渴望有所依赖，行事做人犹豫不决，不懂得抓住机会，做选择时常拿不定主意。

在心理学上我们以拥抱为例来进行探究。拥抱除了我们所熟知的表示亲密与热情的礼仪行为外，也被用来治疗某些心理障碍。

心理学家们认为拥抱是对精神的一种鼓励，长期缺少和人拥抱，人会变得渐渐孤独、越来越冷漠，甚至漠视一切！

西方人认为：一个长时间不被他人予以拥抱的人，注定是孤独的；而一个长时间不去拥抱他人的人，是冷酷的，其感情是干涸的。拥抱是人类行为、语言、精神沟通的本能需求，对人有益无害。美国著名心理学家赫洛德·傅斯博士曾说过："拥抱是人类最美妙的姿态，它能够消除失落、沮丧，使人体免疫系统的机能有效提高；还可以驱逐疲倦，给生命注入新鲜力、让人的心智变得更加青春。在家庭中，拥抱将可以加强家人之间的关系，以此来大大地减少相互之间的摩擦。"

然而在中国，很多人受传统文化中"克己复礼"的观念影响，中国人和家人之间几乎不拥抱。香港艺人张学友在参加CCTV《艺术人生》时提到，他的母亲不仅是自己的生活导师，更是自己心灵的避风港；然而他在四十岁时才第一次拥抱母亲，并且为此而考虑了一个月。他个人觉得十分遗憾！毕竟，这个拥抱来得太晚了。

肢体语言无疑是人类生产生活中的第二语言。其通过一定的行为可以传递较为明确的信息，在情感上、思维上传达一种心理行为的状态。

从头部开始解读"身体语言"

头是人身体最聪明的、机智的部位，而脸则是人身体语言中表情最丰富的部分。人的一眨眼、一颦一笑、一点头、一咧嘴……无不透露着人生的喜、怒、哀、乐。学会解读头与脸的表情，你将会在交际场上，轻轻松松洞悉人心，掌握住成功人生的契机。

科学家的研究结果证实：人的身体可以传达许多信息。人的许多不自觉的身体动作，常常能折射出他内心世界的思想感情。当然，这需要我们认真仔细地加以解读。下面，我们就从头部开始解读"身体语言"。

1. 摇头晃脑者唯我独尊

在日常生活中，我们经常看到有人用"摇头"或"点头"，以表示自己对某件事情看法的肯定或否定。但是，如果你看到一个人经常摇头晃脑的，那么你或许就会猜测他是不是得了"摇头病"，或是"神经病"了。

不过，如果我们撇开这种看法而从身体语言的角度来看的话，这种人特别自信，以至于经常唯我独尊。他们也会请你帮他办事情，但很多时候，你做得再好他（她）都不怎么满意，因为他（她）有自己的一套想法，他（她）只是想从你做事的过程中获取某种启发而已。

这种人，一般在社交场合中很会表现自己，却时常遭到别人的厌恶，他们对事业一往无前的大无畏精神倒是被很多人欣赏。

2. 拍打头部的后悔心情

拍打头部这个动作多数时候的意义是在向你表示懊悔和自我谴责，他（她）肯定没把你上次交代的事情放在心上，如果你正在问他"我的事情你办了没有"，见他（她）有这个动作的话，你不用再问也不用他（她）再回答了。

倘若你的朋友中有人有这样的动作，而他（她）拍打的部位又是脑后部；那么，我们想直言告诉你，他（她）这种人不太注重感情，而且对人苛刻，他（她）选择你作为他（她）的朋友，在很大程度上是因为你某个方面可以供他（她）利用。当然，他（她）也有很多方面值得你去交往和认识，诸如对事业的执着和开拓等，尤其是他（她）对新生事物的学习精神，你不由得从心底真心地佩服他（她）。

时常拍打前额的人一般都是心直口快的人，他们为人坦率、真诚，富有同情心。在"耍心眼"方面你教都教不会他（她）。因此，如果你想从某人那儿了解什么秘密的话，这种人是最佳人选。不过这并不是说明他（她）是一个不值得信赖的朋友；相反，他（她）很愿意为别人帮忙，替别人着想。这种人如果对你有什么得罪的话，请记住：他们不是有意的。

3. 交谈时抹头发的人问心无悔

如果与你面对面坐着或站着，这种人总要时不时地抹一抹头发，好像在引起你对他（她）发型的兴趣，今天肯定特意梳整了一番。其实不然，因为这种人就是一个人独自在家看电视，他（她）也会每隔三五分钟"检查"一下头发是否沾上了什么不好的东西。

与人交流时喜欢抹头发者大都性格鲜明，个性突出，爱憎分明，尤其疾恶如仇。倘若公共汽车上有小偷，而乘客都是这种人的话，那个小偷一定会被当场打个半死。

这种人一般很善于思考，做事细致，但大多数缺乏一种对家庭的责任感。

这一类人对生活的喜悦来自追求事业的过程。这句话听起来有点玄乎，不过仔细想来你就会明白：喜欢拼搏和冒险的人，他们是不在乎事情的结局的。他（她）在某件事情失败后总是说："我问心无愧，因为我去干了。"

4. 用点头的方式取悦对方思考及提高进取心

"嗯！说的也是！……"我们看电视访问时，主持人经常会以如此唯唯诺诺的应答方法来诱使对方滔滔不绝地说下去。所以说，杰出的访问者是善于回答并能使他人关不住话匣子的。

如上述般的回答方式，除了语言外，还有一种身体语言，那就是点头。当一个公司举行面试时，主试官频频点头示意和极少点头的情形比起来，前者容易引起应征者谈话的兴趣，而点头的动作也具有回答的效果，也就是表示："我正在听你说话"或"请继续说！"这种意思一旦传递给对方，对方便会有"对方已能明白我的话了"或"对方接受我的说法了"的想法，因此能贾其余勇，口沫横飞了。

相反地，如果听者吝于点头的话，那么说者便会觉得言论不受重视，索然无味而不愿继续下去。最后，终于产生相对无言的情况。

5. 点头不一定是肯定的答复

关于点头方面的实验，有以下的结果。

第一，当对方针对谈话内容或音律，向你做点头的动作，表示其对你某种承诺的允许及好感。

第二，在两人的谈话过程中，对方点头超过三次，表示不耐烦或有否定的意味。

第三，若点头的动作与谈话情节不符，表示对方不专心，或有事情隐瞒。

6. 歪着脑袋倾听

歪着脑袋常常是一种聚精会神倾听的姿态，这不仅出现在人类身上，动物也有相同的表现。例如刚满三个月的小狗听到或看到吸引它注意力的新事物（如新的狗屋、第一次见面的其他动物等）时，头也会歪向一边。

"摇头晃脑"其实大有深意

在日常生活中就点头与摇头两个动作而言：一般来说点头是表示肯定的意思，摇头是表示否定的意思。但介于文化不同、地域不同，各地会产生差别。

例如保加利亚人在表示肯定时是左右摇头，让对方看见耳朵，否定时则先将头后倒，然后向前弹回。而在叙利亚肯定时头先向前倒，然后弹回，否定时头先向后倒，然后弹回。点头除表示"是""肯定"之外，有时仅是向说话者表示"应和"的意思。认真的、有节奏的"应和"，是向对方表示"我正在注意倾听你的说话"。若是机械的应和，频频点头，至多表示形式上的敬意和礼貌，实际上对说话的内容不感兴趣。这个动作实际上表示对方对你的谈话主题不感兴趣。如果你此时还继续你原来的话题，对方就会频繁地变换架腿的动作，表示不耐烦了。

摇头表示一种否定，这种否定可以是针对他人的，也可以是针对自己的。然而，否定并不代表一切已经结束。也许它正是希望的开始！就好比置之死地而后生。我们常说，世界上只有相对的事物、绝没有一定或肯定的事物。因而，否定也可以创造出肯定。

据研究表明：摇头是人们出生后学会的第一个动作，起源于襁褓中的哺乳时期，婴儿在吃饱之后，用来拒绝奶水或者其他食物。很显然，人们从孩童时候就已经开始用摇头来说"不"了，所以，看到摇头的动作，人们很自然就会觉得那是拒绝、否定的意思。其实，这种理解很片面，轻则会让我们犯经验主义的错误，重则会耽误了我们的社交大事。

昨天，小李又遇见了上次在饭局上结识的王老板，王老板劈头就问："小李，你不是说要找我帮忙，怎么一直也没见你来呢？我可是一直在等着你的出现呢！"

听他这么一说，小李立马"晕了"，他不知道王老板葫芦里到底卖的是什么药，上次他在向王老板提及让其帮忙的事时，明明看见人家冲他摇了摇头，怎么这次又主动提出要帮自己的忙。这到底是怎么回事？难道王老板是在说客套话？但看他一脸真诚的样子，又不像是在敷衍自己。

他疑惑不解的同时就斗胆问了王老板一句："王老板，我想问一下，您是真的想帮我的忙吗？"

被他这么一问，对方显然不高兴了，脸色阴沉地回答道："你看你这小伙子，我这么大个人了说话还能不算话？我是确实想帮帮你们这些有志气的年轻人啊！"

小李听到这里，索性把事情弄个明白，就又问了句："那我上次和您商量帮忙的事情时，怎么见您冲我直摇头啊，我还以为您是在拒绝我，只不过没有口头上说出来而已，所以，我就知难而退，没有再去找过您。您当时难道不是在拒绝我吗？"

王老板终于弄明白是怎么回事了，只听他大笑着说："你不知道，摇头是我的习惯性动作，我不光在拒绝的时候摇头，有时候，我希望别人继续讲话时也会摇头，吃到好吃的东西时也会摇头。这么看来，你这个小伙子是不懂心理学了，你可以翻翻心理学方面的书籍，那上面对摇头的含义做出了不同的解释，相信看过之后你就不会再那么单一地去看待我的摇头动作了。"

小李终于明白了，原来是他理解错了王老板的意思，这一错不要紧，白白地耽误了他这么长时间，要不然的话，他恐怕早就得到王老板的帮助，渡过如今的难关了。

看来，思维定式真是害死人，要不是一味地将"摇头"当成是拒绝的意思，要是当初小李能多了解点心理学方面的知识，恐怕当时就不会对王老板的摇头动作做出主观臆断，认为是拒绝自己的意思，也就不会把自己找对方帮忙的计划给搁浅了，说不定，他的事业现在已经在王老板的帮助下上了一个新台阶了。

当我们将"摇头"具体到不同的场合，还会有不同的意义，所以，我们不能以偏概全，必须做到具体问题具体分析。心理学上大致有这几方面的解释：

第一种情况就是明显拒绝的意思。这时候，人们的头部动作会左右摇晃得十分明显，频率特别高，暗含着对对方所说的话非常不耐烦的意思，所以，这种拒绝的方式也最容易被我们识别。

第二种情况，虽然也是摇头，但是，摇晃的幅度非常小，频率非常低，这实际上并不代表否定意味，反而还带着一种暗示，是听话者在暗示谈话人把话题继续下去，而他自己暂时没有发话的打算。甚至有些人在默许别人的一些话时，也会做出类似的动作。

第三种情况就是密切注意那些口头上对你大加赞赏的人，注意他们有没有摇头行为，如果他们一边摇头一边对你说"我一定会考虑你""我很欣赏你的作品""我们会合作得很愉快"，那么不管他们的态度多么诚恳，他们的摇头动作都是他们内心消极态度的体现，这对你来说并不是什么好兆头，所以，你一定要对他们多留点儿神。

第四种情况就是有些人会在得意的时候摇头晃脑，比如唱歌唱到高潮部分时，不自觉地会摇头，或者在品尝美食的时候，会一边吃，一边不断地摇头说："噢，真不错，真是美味。"

人生充满了太多的不确定性。但这一切的不确定中并没有绝对的否定与肯定，个中不乏蕴含的机遇与选择。重要的在于我们是否把握住了丝丝痕迹，是否懂得了摇头并不一定就是否定这一游戏变动的规律。

通过站姿深度剖析性格

仔细观察周边的人，你会发现每个人的站立姿态都有他们自己的特点。除了男女之间的区别之外，每一个人都有自己的鲜明特征。这个特点就像是一个人的外号一样，虽然这个外号不是他本来的名字，但已经和这个人有了深度关联，成了代表他的另外一个符号。

这种比较特殊的站姿不是人故意做出来的，而是经过长久的习惯养成的一种自己都不知道的行为方式。美国夏威夷大学的心理学教授说，这些站姿和这个人的性格有一些非常紧密的联系。通过解读这些站姿，就能对性格做深度的剖析和挖掘。

第一，将两只手或者是一只手放于臀部。这种人最典型的特征是顽固不化，而且这种性格将会伴随他的一生，很难改变。并且对事情的看法很主观，不是客观地就事论事的类型，如果碰到不同意见，通常会说"反正我是这么看的……"；但是他们做事很稳重，绝对不会轻易做出任何决定，一旦做出决定，必定是经过深思熟虑的。自主意识很强，他们有很好的操控能力，有驾驭全局的本领。

第二，习惯性将两只手放到口袋里。他们属于内向型性格的人，很保守，你很少能听见他吐露心声，哪怕是最要好的朋友也不例外。不过这类人一般城府很深，比较难猜得到他们到底在想什么。多疑是这类人比较好的一张名片。就像《三国演义》里的司马懿一样。他们做事讲究的是步步为营，稳扎稳打，而不是冒险求胜。他们的警觉性高于普通人很多，所以，如果你想骗这类人还是小心的好，说不定他早已经将你的心计看得一清二楚了。

第三，两手叉腰。这是很典型的一种站立姿势，这类人总是能给我们留下深刻的印象，他们开放、外向、自信，对自己有非常高的评价。这是一个开放型的姿势，说明他们在精神上有一定的优越感。同时这个姿势也表明，他对自己目前所处的环境感到很安全、舒适，或者说他对面临的问题有绝对的信心，不然是不会出现这个姿势的。

第四，气宇轩昂型。看上去就很有气势，有点古代将军出征的感觉，双目平视远方，脊背挺得直直的。这种站立姿势的人很开朗，是外向型性格，也是非常有自信的一类人，给人的感觉是似乎这个人永远都那么开心、快乐。

第五，佝偻身体，腰弯下来。这种姿势多见于上了一定年纪的人，一般三十岁以前的人很少有这种站立姿势。这是一种防卫性很强的姿势，说明此时他缺乏安全感，没有信心，很封闭，此时的生活态度也比较消极，似乎惶惶不可终日，可能是生活的压力太大，也可能是面临着重大的精神压力。

第六，两条腿交叉站立。这是一种轻微拒绝对方的表现。出现这种站姿说明对方这个时候对你的态度是有所保留的，并没有完全对你放开，所以此时如果想得到对方的认可或者是想做更进一步的交流，那么就要想办法先让对方认可你、接受你。不过这种姿势也说明此时他缺乏自信，也可能是很拘束，对自己所处的环境并不是很习惯。

第七，背着手。这种站姿是一种典型的"领导者"心态。他很想作为一个领导人的姿态出现在众人的面前，很有自信心，对自己的成就（不一定是功成名就，一些小的成就也算）感到很满意。如果某人在一定的场合中背着手站着，就说明这时，他的居高临下的心态很严重，也可能他就是这个场合的主角。

第八，靠着墙站。有这种习惯的人并不是很常见，如果见到一个人很习惯这样站着，那么这个人很可能是生活非常不得意的一个人。要么是到处碰壁，要么是自己的目标很少有能达成的时候。在生活中，他们一直是失意者，自己也觉得很少有人像自己一样。他们一般很诚实，很坦白，对人没有太多的防卫，很容易接近，也很容易接受别人。

第九，有的人站在那里一直不断地改变自己的站姿，并不是因为自己很累，就是一种长期以来的习惯。这种人的性格特点鲜明，脾气暴躁，很容易就来火。这类人一般生活中压力大，经常会有身心俱疲的感受。他们很喜欢接受挑战，并且思想不稳定，经常改变自己的一贯想法，别人看起来很不适应，但是在他那里是常有的事。

一个人的性格体现在不同的方面，穿衣打扮、吃饭走路都有一定的讲究，经常研究、仔细琢磨，就会发现每个人的与众不同之处，从这些独特的微表情解读对方的内心世界。

不经意的坐姿暴露心情

每个人的坐姿都和当时的心情以及个人的性格有直接的联系。注意观察下，有的人喜欢并拢着腿坐着，有的人喜欢跷二郎腿，有的人则喜欢双脚交叉着坐。这些坐姿看似不经意，实则恰好是这些不经意将他的性格，以及此时此刻的心情暴露给了我们。

第一种是古板的坐姿。这种坐法是腿和脚并拢在一起，两只手放在大腿的两侧。这是很古板，也很挑剔的一种性格表现。经常采取这种坐姿的人最明显的特点是不肯低头，这种个性让他在朋友以及亲人面前非常不受欢迎，他们从来不知道什么是认错，即便事实已经摆在眼前，他就是错了，但仍然不会承认。

有这种坐姿的人极度缺乏耐心，比如说在开会，别人都能坐在那里听台上的人发表讲话，但是这种人不行，他们不是去厕所，就是找旁边的人聊天，总之是很难安静地听一会儿，在教导别人的时候，即便是因为自己没有说清楚，也不愿意多讲两句，所以这类人很不适合做老师。这类人非常挑剔，这倒不是完全针对别人，对自己他们也是一样的标准，但可惜的是，总是不能成功，因为他们的挑剔标准已经大大地超过了应该有的客观标准，可望而不可即。有时候他们看起来好像是很慎重，但其实多数情况下只是因为自己的挑剔性格在作怪而已。

第二种是聪明的坐姿。这种坐姿是左腿放在右腿上，两只手交叉着放在大腿的两侧。这是聪明、自信的一种坐姿"微表情"。这种人的自信来自先天对自己的信任，他们很少会怀疑自己错了，在和别人争论的时候，一般不会轻易承认自己观点的错误，同时根本不会在意到底对方说了些什么内容，不管说什么他们自己的观点才是正确的，别人的多半是错误的。这类人一生都在为自己的梦想而努力，而且天赋很好，比一般人要聪明很多，这也是他们这么自信的一个根本原因。他们不但喜欢做领导，享受做领导的感觉，也有能力协调好各方面的关系。他们经常说"胜不骄，败不馁"，但一旦他们取得了不小的成就，得意忘形的姿态还是很明显的。他们有远大的理想，往往不是满足于现状，不过有好高骛远的倾向，总是这山望着那山高，见异思迁，在感情上也很难在一个人的身上集中全部的精力。

第三种是谦虚的坐姿。这种坐法是两腿两脚并拢，两只手放在膝盖上，很温顺的坐法，显得端端正正，四平八稳。一般经常采取这种坐姿的人多属于内向型，自己的感情世界非常封闭，不喜欢和别人来往，他们的朋友很少，朋友圈子小，但他们很享受这种生活环境和生活态度，他们最大的特点是谦虚，绝不会出现狂妄不可一世的时候。在遇到事情的时候，总是能首先为别人着想，所以这个特点让他们很能赢得朋友们的喜欢。即便是朋友很少，但其实他们是不缺少朋友的，而且每个朋友的感情都非常不错，也都不是泛泛之交。对这种类型的人，别人一般都会很尊重，正所谓是你敬我一尺，我敬你一丈，有来有往。总体来讲，这类人的名声很不错，因为他们的为人很容易就能让他在朋友圈子里获得好名声。

第四种是果断型的坐姿。大腿分开，脚跟并拢，两只手一般习惯性地放在肚脐的位置。这种人的决断力很强，很有勇气，属于那种能"开疆扩土"的进取型人物，一旦他们做出了什么决定，就会立即采取行动，绝不会拖泥带水，在感情方面也是一样，如果他对某个人产生了好感，或者是喜欢上了某个人，就会很直接地找对方说出自己的感受。不过，他们在感情生活中并不总是能得到另一半的喜欢，因为他们的独占欲很强烈，所以对方的私生活会因为他受到不小的影响。

第五种是腼腆的坐姿。膝盖并拢，小腿和脚跟呈一个八字形，手掌相对放在膝盖的中间。这种人非常害羞，很容易就会脸红，同样的事情，在别人还没有任何感受的时候，他就开始受不了了。在生活中，他们是典型的保守派，对新事物的接纳能力有限。不过他们对待朋友、亲人态度诚恳，愿意帮助别人，即便是可能因此而耽误自己的正事，也在所不惜。所以，只要你有事找他，一般只要一个电话就可以了，不用跑到他家里去当面和他说明情况。这种人的感情生活受到传统观念的强烈影响，有时候会有被来自家庭以及社会的压力压得喘不过气的感觉。

每一种坐姿就是一种人生性格的定位。通过观察坐姿的

"微表情"我们很容易在第一时间获取对方的真实内心以及性格资料，掌握先机，以静制动！

睡姿真实反映本真性格

睡眠的重要性不仅仅是恢复精力，良好的睡眠习惯还是身体健康的一个重要保障。我们的睡姿是完全没有思想意识的一种身体语言。这种语言所表现出来的信息现在得到了越来越多人的关注。睡姿这种表情能很好地反映出个人性格里最真实、最本真的一面。

据统计，人的睡姿大概分为六种，每种睡姿都和本人的性格有直接的关系。

第一种，婴儿睡。这是很常见的一种睡觉姿态。身体往右侧，右手放在枕头上，或者是放在枕头边，左手很自然地搭在腰上，双腿很自然地弯曲。婴儿在母体中就是呈现这种睡眠姿势的。这种睡姿的人性格比较有普遍的代表性，比如说在见到陌生人时会感到很害羞，一时间找不到更好的话题来转移这种害羞的心态，不过也不用太过紧张，因为你是这样，说不定对方也是一样，这种害羞的时间不会持续得太长，很快就会过去，转而就会谈笑风生。这种人一般给人的感觉是很强悍的，平时可能还是大大咧咧的，其实内心很敏感。一点很小的事情就引起内心的波动，引起阵阵涟漪。这种睡姿是很没有安全感的一种人生性格。依赖性非常强，内心世界和平时表现出来的感觉是截然不同的两回事。他们很软弱，有时候近乎无能，但倒也并不是个人能力的问题，而是性格决定了他们很害怕面对自己不熟悉的事物，但对自己熟悉的东西，比如说环境，比如说某个人，有很强烈的依赖心理。所以一旦面临困难了，他们多数情况下考虑的不是怎么去解决问题，而是怎么能逃避，非常消极的一种人生态度，感性是他们的人生标签，逻辑性差。

第二种，趴着睡。先不说这种睡觉方式体现的性格问题，从健康的角度来讲，趴着睡觉会增加心脏的负担，对健康很不利。趴着睡时，脸转向一边，两手放在枕头的旁边。这是非常少见的一种睡姿。这类睡姿的人很喜欢热闹，在人多的地方他们总是感到很亲切，很快能融入这种吵吵闹闹的环境，胆子很大，但是脸皮有点薄，冷不丁的害羞表情让人有大吃一惊的感觉，内心多多少少有些神经质的成分。潜意识里，他们的自我保护意识很强烈，但并不知道该用什么样的方式来保卫自己，平时生活里总是能感觉到自己好像是防卫过度了。社交场合，他们很习惯和别人保持一定的距离，即便是不得已和你的距离很近，但其实内心的距离很远，因为他们的防卫心理让自己不会轻易接受一个人，同时他们以自己为中心，平时就非常关注自己，而不是别人，有时候会很极端。这种人一般都是内向型的人，内心封闭，保守。

第三种，规规矩矩的仰面睡。这种睡姿是中规中矩的一种极端表现。睡觉的时候脸向上、平躺，两只手放在身体的两侧。这种睡姿的人性格很中性，既不过分外向，也不是很内向，他们很理性，极少会出现感情用事的时候，不大喜爱说话，你很少有机会能听到他表露自己的心迹，不喜欢一惊一乍，对自己和别人的要求都很高。如果看到的是这类人的负面性格，那就是刻板、保守、教条，过分强调原则和规则，灵活性不够，而且他的规则别人是不能改的；但如果从积极的一面来看，这类人耐性好，做事有始有终，不会轻易放弃，有韧性，持之以恒，而且很讲信用。

第四种，睡觉姿态呈现"大"字形。这种人很乐意接受别人的建议和意见，并且在自己的朋友熟人需要自己帮忙的时候，一般不会含糊。有这种睡姿的人，性格上有两种倾向。第一种是盲目乐观型。他们对人对事的看法、态度并不是从人或者是事情本身出发，而单纯就是自己的看法，并且持有的是积极的乐观态度，他们很自信，甚至是自负。快人快语是他们最典型的特征，心里藏不住话，也放不下事，一旦有点什么，就有说出来的欲望。第二种就是能力强悍型，所以他们不畏惧伤害。这两类人都缺乏对人的防卫心理，这一点和趴着睡的人正好相反。

第五种，树干型睡姿。睡觉的时候身体一侧靠近床边，腿的弯曲度很低，两只手靠近身体。这类人最明显的特征是很容易就相信别人，即便是陌生人。所以如果他们经常受骗就不奇怪了。这类人的性格很中庸，既不是非常理性，也不是很感性。人在侧卧的时候，手放在胸前是一种防卫的表现。就像是我们在和别人见面的时候，如果对方让自己觉得很不舒服，或者是有点反感，这时会本能地将两只手放在胸前，这种姿势就表示自己的拒绝和防卫。睡觉的时候也是一样。

第六种，思念睡。所谓思念睡就是睡觉的时候身体弯曲成一个直角。这类人比较外向，很喜欢和人打交道。有些思念睡的人性格偏激的成分较多，甚至有点愤世嫉俗，对社会上的很多事情都有自己的看法，而且多数是批判性的看法。这种凡事否定的态度让他很难接受别人的观点，所以就显得有点顽固不化。

掩饰性动作背后的真实心理

我们在日常生活中可能会经常讲一些谎话，做一些掩饰性的动作，但是我们不喜欢别人对自己撒谎，也不喜欢他们对自己掩饰太多，多数人都有类似的心理。倒不能因为这一点，就简单地说所有人都是自私的，因为人在面对另外一个人的时候，尤其是陌生人，他会本能地想保护自己，越是年龄大的人，这种感觉就会越强烈，而保护自己的方式就是尽量多地隐瞒自己的实际情况，隐藏自己的内心。

如果别人看不到自己，内心的安全感就会很强。这就像是我们晚上害怕一个人睡在被窝里，突然想起了之前听说过的一个鬼故事，吓得不行了。会怎么做呢，基本上唯一的做法就是裹紧被子，尽量往里钻。其实如果真的有"鬼"，钻与不钻没有多大分别。

每个人都有一套自我保护体系，每个人的方式可能会有所不同，但差别不会很大。这单单是指说谎这个层面。内心的情绪波动不只说谎一项那么简单。还有很多，比如说害怕、骄傲、吃惊、怨恨、忧伤、高兴，等等。

每种不同的情绪体现出来的都是不同的微动作。每一种微动作的背后也都有它的"故事"。我们可以尽可能地控制自己的情绪，但不可能没有情绪。有了情绪，就会有外在的表现。不管他的社会阅历到了多高的级别，练成了什么"盖世神功"，总归还是要按照一定的套路来。这个套路就是微动作。既然这样，我们就能揭穿他的掩饰或者是隐藏的种种把戏了。

　　我们在和别人谈话的过程中总是能碰到一些人，他在和你谈话的时候，不是碰碰这儿，就是摸摸那儿，要么看看桌子上的杂志封面，要么用手指轻轻地敲击桌面，或者是玩弄一个很无聊的东西，比如一支圆珠笔。都是一些很小很琐碎的动作，你也看不到他有起身去做什么事情的迹象，但是就不能安心地听你讲话。要么是手不闲着，要么就是扭扭脖子、伸伸懒腰。对你而言，这是一个需要结束谈话的信号。

　　他之所以会有这些看似不经意的动作，就是因为他对你的谈话内容一点兴趣都没有；也或者是这个时候，他正烦着呢，之所以招待你了，是因为礼貌要求他必须要这样做。所以，如果你还想有下一次的会谈最好能趁他一开始有这些小动作的时候就提出告辞。这样的话，会给他留下一个印象，这个人老于世故、成熟，值得交往。下一次你再见到他，基本上他就不会是以前那样了。聊天的时候，也有可能对方的动作不是做一些小动作，而是一些肢体语言，比如说时不时地用手摸自己的脸，挖挖鼻孔，再或者弹手指，这些动作显得很不经意，而且和谈话的内容一点关系都没有。这说明你对面的这个人对你有很强烈的抵抗情绪，根本就没有听你在讲什么，更甚至有可能连一个字都没有听进去，这完全有可能。内心深处，他是厌恶你的，不只是不喜欢你的谈话内容，就连你的人也是很讨厌的，是发自内心的那种讨厌。

　　对于一个人的内心活动、性格特征，也会比较明显地表现在他日常行为习惯上。比如说看报纸，这是很常见的一个现象，非常普遍。但不同的人看报纸的方式却是不一样的。两种情况反差很大：一类是刚买过来，就迫不及待地打开来看；

另一类是将报纸买回来以后并不急于打开来，而是将它先放下，干自己手头的事情，等到其他事情都干完了，自己安静了，才拿回这份报纸，慢慢地阅读。

第一类人多数外向，不是那种磨磨叽叽的人，雷厉风行，想到什么就开始着手，先干后想，所以这类人干劲虽强，失之草率；他们是积极乐观的一类人，对生活不能说有很多的美好想象，但不是悲观失望者，自信但不盲目。身体很好，精力充沛，是那种看上去就觉得精神头儿倍儿足的人。他们一般比较简单，脑子里也没有太复杂的东西，高兴还是伤心，看一眼就知道了，所有的心事都写在脸上了。他们的交际能力很好，这是他们的一大优势，也就是因为这个优势，让他们能得到很多人的喜欢，不过这类人喜欢出风头，刚愎自用。

第二类人，也就是那种将报纸先放在一边，干完自己的活才会展开来看的人，他们一般性格较为内向，最突出的特点就是话很少。不像是第一类人很善于交际，他们不喜欢与太多的人来往，比起很多人在一起开个Party，他更愿意待在家里。所以他们的人际关系就处理得差强人意了。这类人的思想非常独立，他们很少会受别人的影响，很有主见，所以他们是那种不鸣则已一鸣惊人的类型。他们很现实，不会冒出一些不切实际的空想，做事非常认真，只要是自己做的事情，一般都会尽全力做好。他们对待别人不是很热情，但是自己能够和自己交流，并自得其乐。

每个人的性格后面都会跟上不同的表现人生特征。这些特征的表现形式就是我们要追求的真实信息。而每个人的感情虽然并不一致，但总体上可以分类，而且并不复杂。每种情绪的后面也都会有相应表征。谎言、欺骗这些情绪都会很明显地暴露在一些自己不知道但是能让我们捕捉的信息里。不管是什么样的把戏，都不能逃脱心理上的反应，也就是不能逃过微动作的堵截了。

来自手的真实话语

我们可能见过，当父母训斥小孩子时，小孩子往往用小手揉揉眼睛，生气地噘起小嘴巴，有时还会低下脑袋避开父母的眼睛。对有些父母来说，这种揉眼低头的动作会使他们更加激愤。有的父母面对孩子的谎言无计可施，但又想让孩子"坦白交代"，因此，就声色俱厉地对孩子喝道："看着我的眼睛！说，你到底干什么去了？"其实，父母的这种逼问只能增加孩子的恐惧心理，恶化他（她）的消极态度，最后迫使他（她）溜出家门。事实证明，这种训斥孩子的方式只能适得其反。其实，小孩儿在父母面前揉眼和低下脑袋的姿势动作已经说明他（她）在撒谎或有难言之处，如果他（她）的父母换一种方式，耐心等待，那么，想撒谎的小孩儿很可能会向父母道出实情。

在人类的历史上，张开的手掌从来都是同真实、诚实、忠诚和顺从联系在一起的。许多宣誓的场合都是：宣誓人把手掌放在心口上。例如在信奉基督教的国家，当人们在法庭做证的时候，手掌举在空中，左手拿着《圣经》，右手掌举起来，面向法官。

在日常的交往中，人们采取两个基本的手掌姿势。第一个是手掌的掌心向上，乞丐讨钱要饭，就是采取这样的姿势。第二个是手掌的掌心向下，表示向下压或者克制。

有一个最好的方法来发现某人是否坦诚，那就是看看他的手掌姿势。狗打架时，向胜利者露出喉咙，表示投降或顺从。人类这种高级动物也是这样，他（她）用自己的手掌表示类似的态度或感情。例如，当一个人想表示自己的坦率和诚实时，他（她）会把一个手掌或两个手掌向对方摊开，并说，"我对你是完全开诚布公的"。像大多数身体语言一样，这完全是一种下意识的动作。它使你感觉到对方是在讲真话。当一个孩子撒谎或者隐藏什么东西的时候，他（她）总是把手掌放在背后。如果一个丈夫同孩子们在外面过了一夜，但是却不想把自己过夜的地方告诉妻子，那么，当他做解释时，他同样也把手掌藏在口袋里或者把手臂交叉起来。这样一来，藏手掌的动作可能使他的妻子感到他没有讲真话。

经理们常常告诉推销人员，当顾客解释他为什么不买这个产品时，要看看他的手掌，因为只有张开手掌时，他才会讲出真实的理由。

1. 故意利用手掌的姿势进行欺骗

有人也许会问："你的意思是不是说，如果我摊开手掌讲谎言，人们就会相信我？"回答既是肯定的，也是否定的。如果你摊开手掌撒谎，你仍然会使对方感到你不是真诚的，因为你说真话时的许多其他动作不见了，而说谎时的一些负面动作不知不觉地显露出来，这同摊开手掌的姿势是不一致的。上面已经说过，惯于撒谎的人和职业骗子形成了一种使他们的身体语言信号补充其语言谎言的特殊艺术。职业撒谎家越能有效地使用身体语言伪装诚实姿势，那么，他（她）的职业就越能获得成功。

当然，你可以练习张开手掌的姿势，使你在同别人交谈时显得比较可信。如果在交谈时，把张开手掌的姿势变成习惯性的，那么，撒谎就变得容易了。有趣的是，大部分人发现很难张开手掌撒谎。实际上，使用手掌信号，有助于制止别人可能提供的某些虚假信息，并鼓励他们对你坦诚。

2. 手掌的威力

最不被人们注意，但是最有力量的身体语言信号就是手掌的姿势。手掌姿势的力量如果运用得正确，可以赋予它的使用者一定的权威，对别人实行无声的控制。

命令的手掌姿势主要有三个：手掌向上、手掌向下和攥拳头的手掌。我们用下面的例子来说明这三个姿势的不同之处。如果你命令别人把一个箱子从房间的一处搬到另一处，你的声调是一样的，所用的词汇和面部表情也是一样的，唯一改变的是手掌的姿势。

手掌向上，用以表示顺从、无可奈何、没有威胁性的姿势，它使人想到街头乞丐乞讨的姿势。被要求搬运箱子的人不会感到有压力。

如果手掌向下，你将具有权威。你向他（她）提出要求的那个人会觉得，你是在命令他（她）搬运箱子，因而会产生敌对情绪。如果他（她）是跟你具有同等地位的同事，他（她）可能拒绝你的要求。如果你采取手掌向上的姿势，他（她）也许会答应你的要求。如果他（她）是你的下级，手掌向下的姿势也是可以接受的，因为你有权这样做。

手掌攥拳，伸出一个手指，好像一根大棒，迫使听话的人屈从于他（她）。伸出一个手指的姿势，最令人恼火。如果你习惯于这样做，最好练习一下手掌向上和手掌向下的姿势。这样会造成一种比较缓和的气氛，对别人产生较好的效果。

用手捂嘴，后面的话不可信

当人们说出了不该说的话，会下意识地捂住嘴巴表示懊悔，或者防止自己再继续说下去。这是一种下意识的动作，最能表达其真实的想法。所以，不要去相信他后面说的话，很可能是谎言。

在平时的交谈中，我们也许会发现一个现象，就是说话人在说完某一句话时，会突然捂住嘴。这说明了说话人的什么心理呢？我们一起来看看。

1. 不该让他知道这个秘密

陈佩斯和朱时茂的小品《警察与小偷》里，有这样一个情景：

陈佩斯扮演的小偷在巷子口替正在干坏事儿的同伴望风，恰巧遇到朱时茂扮演的警察巡视。

朱时茂问："你在这儿干什么？"

陈佩斯回答："我在望风儿。"

他意识到自己说漏了，紧接着用手捂了一下嘴，改口说："啊，不，我在放风儿。"

陈佩斯为什么会下意识地捂住了嘴呢？其实，他心里是在想："这个秘密不能让他知道！"

当你和别人交谈时，如果对方说话说到一半，或者刚开了个头，就下意识地捂住了嘴巴，这可能是对方不愿意告诉你这件事情，但是毫无防备地说了半截。

这种情况下，我们不要相信他捂住嘴巴之后所说的话，那很可能是他临时编的谎言。只有他捂住嘴巴之前，不经意间说出的话，才是可信的。

并且，无论对方说了什么，无论这个秘密多么让你惊讶，你都要装作不感兴趣的样子，只有这样才会让对方安心些，接下来和你的交谈也会更顺畅些。否则，他可能会陷入说漏嘴的懊悔中，不再认真地和你进行交流，谈话将毫无意义。

2. 不能让他看出我撒了谎

员工小王想看一眼工资单，于是趁没人的时候，偷偷溜进了人事部的办公室。当他看完正要出门的时候，碰到外出办事儿回来的同事。

"你怎么会在这儿？有什么事吗？"

小王遮住嘴巴，轻咳了一声："啊，没什么，我来找小李，刚好他不在。"

心理学家告诉我们，在和别人交谈时，如果对方突然遮上了嘴巴，那么大多是因为说了谎。他试图通过捂住自己的嘴巴，来掩饰自己说出的那些谎话，或者遮挡说谎的痕迹。为了表现得更自然点，有些人还会像案例中的小王一样，在遮上嘴巴的同时，假装咳嗽来掩饰。

也就是说，用手遮住嘴巴，有可能是说了谎话，想掩饰自己的心虚。

比如，班会上，教室内一片安静，老师讲完话，问班长有没有事情要说。他摇摇头，说"没有"，手却不自觉地遮住了嘴。这时，他很可能在撒谎，因为比较有顾虑，该不该当着全班同学的面把某个问题说出来。

而且，如果能看到他的嘴巴，嘴巴的形状很可能是紧闭的，或者上嘴唇咬着下嘴唇。这表明他的心里在纠结："到底是该说呢，还是不该说。"

遮住嘴巴就是在告诫自己，代表的是"不能让自己陷于危险中"或者"不能得罪人"的心理；蕴含的潜台词是"不要让他看出我在说谎""不能让他知道这个秘密"。

抓挠脖子，刚才的话是谎言

脖子和耳朵的距离很近，挠耳朵是在说谎，心理学家研究发现，挠脖子同样也可以起到放松情绪的作用。也就是说，人们在下意识地抓挠脖子时，很有可能是在说谎！

如果在讨价还价时，店主对你说："这真是最低价，不能再低了。"同时，我们看到他在抓挠脖子，那千万不要相信他说的话！他抓挠脖子的动作已经显露了他在说谎！其实，他还赚着很多，你完全可以再使劲儿往下压价格。

心理学家研究发现，人们在撒谎之时，会感到紧张，大脑不自觉地指挥手触摸身体，起到保护自己和放松情绪的作用。这些动作包括握紧手、摸鼻子、摸耳朵、抓挠脖子等。

人们抓挠脖子，一般是用食指抓挠脖子的侧面或者耳垂下方的那块区域；女性的动作幅度更为小一些，通常用手指盖住脖子和胸相接的地方，解剖学上称其为"胸骨上窝"。

美国联邦调查局前反间谍特工乔·纳瓦罗有一次调查一名持械通缉犯，前去他母亲家问话。其母亲知道儿子被通缉，显得有点紧张，但是面对盘问却对答如流。

"你儿子在家吗？"当纳瓦罗这么问她的时候，她把手放到胸骨上窝，说："不在。"纳瓦罗继续提问其他问题，几分钟后，又突然问道："有没有他趁你不在偷偷藏在家里的可能？"母亲再次把手放到上次放的地方，表示自己不知道。

纳瓦罗察觉到了她这个小动作，确信她在说谎。为了进一步证实，离开之前他又问了一句："你确定他真的不在家里吗？"结果，她又一次将手放在胸骨上窝，回答说不在。

纳瓦罗申请了搜查令，最后，在母亲家里的密室找到了她的儿子。

这位母亲三次说谎，三次用手抓挠脖子，身体语言供出了她儿子就藏在家里的事实。当一个人说"我非常理解你的感受"，但同时他的食指在脖子上抓挠了五次以上，那么我们可以断定，实际上他在说谎！

自从梁雅洁的同事离职之后，她就一个人干两个人的活儿，成天忙得脚不沾地儿。过了两个月，她实在不能忍受了，找到主管领导诉苦，提出要求，要么涨工资，要么重新招一个人。在听梁雅洁说完之后，领导表现出很同情的样子，抓挠着脖子说："你说的这些公司都看在眼里了，我们也承认你做的工作的确不少。这样吧，我会跟上级领导商讨解决这个问题的。"梁雅洁得到这样的保证后，依然努力地做两个人的工作。

可是，过了很长一段时间，梁雅洁的问题迟迟没有得到解决。她觉得很懊恼，为什么领导说话不算话呢？

其实，如果她懂得领导挠脖子意味着什么，就不会轻易相信他了！而是应该不罢休，时时督促他快点招人。领导的手在抓挠脖子，这才是他真正的实话："我们可以理解你的感受，可是，公司暂时还没有招聘计划。"

在日常生活中，如果遇到总是说话抓挠脖子的人，那就别轻易相信他的话！理智的做法，应该是放弃跟这样口是心非的人交朋友，因为，他是永远不会拿真心对你的。

双臂交叉是来自心理上的防卫

将双臂交叉抱于胸前，是一种防御性的姿势，防御来自眼前人的威胁感，保护自己不产生恐惧，这是一种心理上的防卫，也代表对眼前人的排斥感。

这个动作似乎在传达着"我不赞成你的意见""嗯，你所说的我完全不明白""我就是不欣赏你这个人"。当对方将双臂交叉抱于胸前与你谈话时，即使不断点头，其内心其实对你的意见并不表示赞同。

也有一部分人在思考事情的时候，习惯将双臂交叉抱于胸前，但是一般而言，具有这种习惯的人，基本上是属于警戒心强的类型。他们在自己与他人之间画下一道防线，不习惯对别人敞开心胸，永远和对方保持适当的距离，冷漠地观察别人。

日本的著名演员田村正在电视剧中经常摆出双臂交叉抱于胸前的姿势，也由此他给观众的感觉不是亲切坦率的邻家大哥，而是高不可攀的绅士。他不是那种会把感情投入对方所说的话题中，陪着流泪或开怀大笑的类型。他心中好像一直藏有心事，在自己与他人之间筑起一道看不见的墙。这种形象和他习惯将双臂交叉抱于胸前的姿势，似乎十分符合。

个性直率的人一般肢体语言也较为自然放得开。当父母对孩子说"到这边儿来"，想给孩子一个拥抱的时候，一定会张开双臂，拥孩子入怀。试试看将双臂交叉抱于胸前对孩子说"到这边儿来"，孩子绝不会认为你要拥抱他，而是担心自己是否惹你生气，准备挨骂了。

防卫心强的人，大部分在幼儿时期没有得到父母充分的爱，比如：母亲没有亲自喂母乳、总是被寄放在托儿所、缺乏一些温暖的身体接触。在这种环境之下长大的人，很容易表现出此种习惯。

观察一下对方，是习惯将双臂交叉抱于胸前，还是自然地放于两旁呢？自然放于两旁的人，较为友善易于亲近，并且可以很快与你成为好朋友。但是，假如你有不想告诉他人的秘密，又想找人商量的时候，请选择习惯将双臂抱于胸前的人。因为太过直率的人守不住秘密，而喜欢双臂抱胸的人会将你的秘密守口如瓶。但是，要和这种人成为亲密的朋友，可能要花上很长的时间。

第五章
看人先听声，谈话折射人心

　　言语，是一种现象。人的欲望、需求、目的，则是本质。现象是表现本质的，本质总要通过现象表现出来。所以，言语作为人的欲望、需求和目的的表现，有的是直接显现的，有的是间接隐晦的，甚至其含义是完全相反的。因此，善于倾听弦外之音，才能发现内在的真意。

如何用沟通引起他人共鸣

一个人，如果首先把自己的想法或愿望，清晰、明白地表达出来，那么，他内心明确的想法和坚定的信心，他那诚挚的话语，也会感染对方，吸引对方的注意力，迅速引起他人的共鸣，从而获得对方的信任，这为我们快速有效地了解一个人提供良好的帮助。

只要我们肯放开自己，敢把心先交出来，如果能做到这点，你会有许多朋友，因为你的真诚和坦然，也因为你的无私和关爱。如孔夫子说："不患人之不己知，患不知人也。"也是这个意思。

想要更好地引起他人的共鸣，要注意一些细小的技巧，将使我们在识人的道路上更加顺畅。

比如，在工作中，开门不一定就要见山，一见面就大谈工作的事，注定会使人产生反感。不如，暂时抛开主题，先谈谈彼此共同感兴趣的话题，或说一些自己日常的有趣琐事，以期达到心灵的共鸣。

下面，我们共同探讨一些能引起别人共鸣的技巧，或许能让我们更好地知人、知事。

在双方开始一场谈话时，可以先说些自己的私事，从而拉近彼此间的距离。如肯尼迪在角逐总统席位的竞选演说中，曾轻描淡写地说："紧接着，我还想告诉各位一句话，我和我的妻子虽然赢得竞争总统席位的选战，可是，我们希望还能再生个孩子。"

如果在公司和同事谈及一些私事，就能够增进相互之间的亲近感。对方会对你产生信赖感，投桃报李。不过，私事并不等于隐私。假如，你对别人说出自己的隐私，那么，别人有可能会以此作为话柄攻击你。假如，你随意谈论别人的隐私，别人也可能会对你产生厌恨，并伺机报复你。这点需要注意。

偶尔，可以显露自己笨拙的一面，让对方产生适度的优越感。比方说，如今的演员，总以年轻貌美、头脑聪明、才艺佳、演技生动为优点，想尽一切办法，在观众面前塑造一种迷人的形象，以提升自己的优越感。

可事实上，当一个人面对比自己优秀得多的人时，只会加重内心的挫败感，也就自然而然地产生了一定的反感。根据这个原理，不少智慧有心的人，为了提高自己的知名度，会故意表露自己某方面的笨拙和缺憾。

同样，在公司的同事、上司面前，有意表现出单纯的一面，以其憨直的形象，激发他人的优越感，吃小亏而占大便宜。而有些人不懂得隐藏自己的锋芒，在工作上时时处处表现得干劲十足、能力超强，殊不知，在无形中已招来许多或明或暗的嫉妒和猜忌："你行，你一人就能做好，那还要我们干什么？"

善于倾听，是引起别人共鸣的法宝。一个时时运用耳朵的人，远比一个只用嘴巴的人更讨人喜欢，更容易获得他人的信任。

想引起他人的共鸣，不光要自己说，还要尊重别人说，这种互动的效果比你一个人说得天花乱坠好得多。所以，倾听绝不仅是简单地听，而是要用心真诚地聆听，并且，要适时地表示自己的认同或赞扬。

说话要表示出诚意

谈话时要表示出诚意，尤其是当出现这两种情况时：一是别人的谈话，在通常情况下，总是说到与自己心情有关的事情，因而，可能会比较零散或混乱，观点不是那么突出，或逻辑性不太强，这时，你要鼓励对方把话说完，对方也会乐意说得更多。

二是别人对事物提出的观点和你的看法相左时，你可以不同意，但是，要试着站在对方的角度，去理解别人的心情和情绪。一定要耐心把话听完，才能达到听的目的。

对谈话，适时做出反馈。如果谈话进入一个阶段后，你能准确地反馈，将会激励谈话人继续，对他有极大的鼓舞。包括，希望对方重复刚才的意见，表示你对问题有浓厚的兴趣和希望深切了解的愿望，这对谈话的深入起到重要作用。

表示虚心、表示谦逊的一些问话，同时也表示尊重对方的意思。比如，"替我把信寄了吧？"就永远不如"能否帮我寄了那封信？"听来使人心悦，对于一件事情，如果不明白就不妨虚心请教别人，自作聪明往往是最吃亏的。

一个懂得求教于人的人，最能博取别人的欢心。怎样问也是值得研究的。问话的方法多种多样，收效自有高低的分别。高明的问法，使人心中喜悦，产生共鸣；而愚蠢的问法，则会引起对方的失笑，甚至反感。

假如，你能和任何人谈上十分钟，并能与对方产生共鸣，那么，你便是很出色的交际人物了。因为任何人，这范围是很广的，也许是个工程师，也许是个律师，或是一个教师，或者他是个艺术家，或者是个工地上的工人。总之，无论三教九流，各种阶层的人物，你若能和他谈上十分钟，并使他产生兴趣的话，是很不容易的。不过，不论难易，我们总不能不积极。许多人，因为对对方的事业毫无认识，无法引起他人的共鸣，最后把问题默然接受，这是很痛苦的。打通这道难关，其实是一种能力的表现。

其实，如果肯略下功夫，这种不幸情形就可以减少，甚至，做个不错的交际家，也并非难事。所谓，工欲善其事，必先利其器，虽是一句老话，但直到现在仍然适用，所以，充实自己的知识很重要。

一个胸无点墨的人，想要在和他人的说话中应对自如，是件吃力的事情。学问是一件利器，有了这件利器，一切皆可迎刃而解。

虽然，我们不能对各种学问都做精湛的研究，但是，那些所谓的常识，却是必须具备的。有了一般的常识，假如能巧妙地运用起来，那么，应对任何人作十分钟能引起别人兴趣的谈话，这点是不难做到的。

首先，你须多读书，多看报，世界的动向，国内的建设情形，科学界的新发明和新发现，世界各地的地方特点，或人物的特性，以及艺术新动态、时髦服饰、电影戏剧作品的内容，等等，以上一般都可从每日的报纸、每月的杂志中摄取。如果能坚持，应对各式谈话，自然游刃有余。

有一间美容院，生意兴隆为当地之冠。有人去问店主兴旺发达的理由，店主坦白地说，这完全是他的美容师在工作之时，善于和顾客攀谈的缘故。

　　但是，到底怎样使得工作人员善于谈话呢？简单得很，店主说：我每月把各种报纸杂志都买回来，规定各职员在每天早上未开始工作前，一定要阅读，并且作为日常的功课，那么，设计师们自然就获得了最新鲜的话题，博得了顾客的欢心，引起了他们的共鸣。

　　有一种苦味的药丸，外面裹着糖衣，使人先感到甜味，容易一口吞下肚子去。于是，药丸进入胃肠，药性发生效用，疾病也就好了。同理，我们要对人说规劝的话，在未说之前，先来给人家一些温馨的话，让他先尝一些甜，然后，你再说上规劝的话，人家也就容易接受了。

　　如果，你想让人家遵照你的意思去做事时，那么，就应该用商量的口气。譬如，你不对人家说："我要你这样做。"而是用商量的口气说道："你看这样做好不好呢？"那么，对方会十分乐意，并心悦诚服地去完成。

　　假如，你要秘书帮你写一封信，在你把大意讲了以后，要再问一下："你看，这样写是不是妥善？"看了要修改的地方，又说道："如果这样写，你看怎样？"虽然，你站在发号施令的角度，可是，你要懂得，人人都不爱听发号施令，所以，不应当用命令的口吻。

　　假使，在一个盛夏的中午，一群工人在休息着，一位工头走上去把大家臭骂一顿，工人们畏着监工，当然立刻站起来去工作了。可是，当监工一走他们便又停手了，这是一定的。如果，那位监工上前和颜悦色地说道："天气真热，坐着休息还不断地流汗，这怎么办呢！兄弟，现在这些工作很要紧，我们忍耐一下，来赶一赶好吗？早早赶好了，早早回去洗一个澡休息，怎么样？"我想，这样的效果更能引起共鸣，使大家发自内心地去完成工作，而非被动。

想要更好地引起他们的共鸣，问话的技巧是十分重要的。比如，要问对方所知道的问题，问对方最内行的问题。如果你不能确定，对方能否有充分的理由答出，那么，还是以不问为佳。有些问题，你得不到圆满的答复时，是可以继续问下去的，但有些是不宜再问的。

"倘若，我不能在任何一个人那里学到一点东西，那就是我处世的失败。"这句话可谓发人深省，因为，虚怀若谷的人，往往是受人欢迎的。

记住，问话不仅打开了谈话的局面，而且，你可以由此增加学问。如果你具有了一般的常识，就足够应对各种人了。纵使，你不能应对自如，你总会提问、应答，这也可使对方开口。

假如，你的对手是医生，你对医学虽是门外汉，但你可以用询问的方法来打开这局面，比如，从霍乱的症状谈到生冷食品、谈到维生素、谈到补品等，只要你不讨厌，你可一直和他谈下去；遇到教师，则可以问他学校的情形、学生的素质和倾向；等等。

总之，巧妙的问话，可以引起共鸣，是一个打开对方话匣子的最好方法，从而更好地了解他人。

听声辨人，声随心变

每个人的声音，跟天地之间的阴阳五行之气一样，也有清浊之分，清者轻而上扬，浊者重而下坠。声音起始于丹田，在喉头发出声响，至舌头那里发生转化，在牙齿那里发生清浊之变，最后经由嘴唇发出去，这一切都与宫、商、角、徵、羽五音密切配合。

一个处世经验丰富的人，听到一个人的声音就能辨别他是一个什么样的人，不过，人身体的声音能随着他内心的变化而变化。一个心胸宽广、志向远大的人，声音有平和广远之志，而且声清气壮，有雄浑沉厚之势。身短声雄的人，自然不可小觑。从身高来看，个高的，由于丹田距声带、共鸣腔远，气息冲击的距离加长，力量弱化，因此声音显得清细弱，振荡轻；个矮的，往往声气十足，因为距离短，气息冲击力大，声带与共鸣腔易于打开。如果受过发声练习的人，另当别论。

从生理学和物理学的角度看，声音是气流冲击声带，声带受到振动而引起空气振动产生的，是一种生理现象，也是一种物理现象。人的社会属性，使人的声音又结合了精神和气质的属性。古人讲，心动为性——"神"和"气"——性发成声，意思是声音的产生依靠自然之气（空气），也与内在的"性"密不可分。声音又与说话者当下的心理活动密切相关，大小、轻重、缓急、长短、清浊都有变化，这与人的特性也是息息相关的，这就是闻声辨人的基础。

人的声音各有不同，有的洪亮，有的沙哑，有的尖细，有的粗重，有的薄如金属之音，有的厚重如皮鼓之声，有的清脆如玉珠落盘、字正腔圆，有的人身材矮小，声音却非常洪亮，即日常所说的"声音若洪钟"，有的人生得高大魁梧，说起话来却细声细气，有气无力。

从经验中可以得知，好的声音和谈话技巧能提高说服力，由于声音不同，怎么才算好呢？最好是音粗而低，说话速度快，尾音明亮，这样就能给听众留下一种"这人值得信任、积极、潇洒、有领导才能"的印象。

当然，这也不能一概而论，什么声音好，也与谈话的地点、对象、内容有着直接的关系。

在舞场上，由于灯光较暗，加上光线闪烁等因素，舞伴们很少能看清对方，在这种情况下，声音的优美就会产生很大的魅力。

当然，声音只是一个方面，另一方面，就是说话时的姿态。甜美的声音加上优美的神态，更会产生强大的魅力。

由于声音具有如此的魅力，所以，有位美国人在《上班族的身体语言》一书中，讲了一个由于女人的声音而把男性引入误区的故事。

这个女人叫琳达。作者写道：

琳达是我所认识的，无论性格、干劲，以及能力都相当突出的女性之一，在西海岸某个小都市的企业界，颇负盛名。她了解自己的欲求，以令人惊讶的程度和明确的判断力，尽心尽力去追求。

这确实令人心惊，只要听到她所讲的话，就不难想象出一个竞争心旺盛、具备丰富的知识和洞察力的女性。

琳达外形修长，爱打扮，魅力四射。不过，当她一开口，便会呈现戏剧性的变化。这一位纤细而思虑深远的女性，发出宛若少女银铃般尖锐的声音，给人一种玩世不恭或不正常的印象。

"第一次听到她说话时，"我的同事这样告诉我，"我以为是刚刚踏入社会的女性。她想出售奥克兰的一张办公桌，而我希望拥有它。由于我太看轻她了，以致付出比想象中还要多的金钱——我很生气。"

"为什么呢？"我问。

"有一种被欺骗的感觉。在孩子般的声音背后隐藏着钢铁般的意志。我不想再有第二次交易。"

"我也知道我的声音有问题。"大约一年前，琳达对我说，"但是，对我也有好处。这能够使和我进行交易的男性'解除武装'，他们会保持着优越感，松弛警觉心，所以我才能够达成我的企图。"

她略带愁容地继续说道："但问题往往在害处这一边，我想加以改变。"

"有什么害处？"

她耸耸肩。

"和我进行交易的男性，在事后好像会有种被欺骗的感觉。也许有某一种含义是如此，他们以声音作为评判，而不是以我的能力。一旦发现我有才能，就觉得被我骗了。难道他们错误的判断，就代表我不正直吗？"

在某种含义上，我不得不承认这种结果，她的声音会误导男性走入误区。所以，她想改变是聪明的做法，于是我为她介绍了一位高明的声音训练家。

说明了详细经过之后，这位曾经在好莱坞演戏的声音训练家点点头。

"你的声音，在交易过程中的确扮演了相当重要的角色。"你知道萧伯纳的《窈窕淑女》这个喜剧吗？故事之中，比金斯教授把说话有土腔的卖花少女带回家，根据她的声音和说话的方式，把她训练成为一位高贵的淑女。

越是"强调"，越证明是谎言

人们撒谎时主要靠语言，他一定不愿意让对方听出破绽，所以会事先编好一套说辞，以为这样就能掩饰。其实，这样会让谈话方式显得很刻意，无意中已经泄露了他其实是在说谎的秘密。

当一个人说谎的时候，为了不让对方看出破绽，他会在谈话过程中十分注意。所以，如果仔细听，就会发现他说话的模式和常人不同。

1. 说谎的人记忆力都很好

警察在审问一个犯罪嫌疑人。

警察："你还记得3月18号晚上10点钟，你在做什么吗？"

嫌疑人："哦，那天我吃完晚饭，躺在家里床上看电视。我还记得当时看的是五频道，我最喜欢的足球节目。"

警察："你晚饭吃的什么？"

嫌疑人："我晚饭吃了一份芝士比萨，还喝了一杯啤酒。"

警察："这可是一个月前的事儿了，既然你记得这么清楚，那请问那天你穿的什么衣服？想好了再回答，因为我们有当天你走进公寓时的监控录像！"

"这个……我真的忘了，我……"嫌疑人头上开始冒冷汗。警察把这一切都看在眼里，后来经过审问，他果真就是那个抢劫犯。

当你问到某个具体信息时，说谎的人一定会做出解答，而不会说不知道，因为他们害怕引起别人的怀疑。例如，这个抢劫犯，为了让警察相信他一直在家，特意说出了看了什么电视、吃了什么饭等具体信息。记忆力这么好的他，偏偏忘记了自己穿什么衣服！其实对大多数人来说，不要说一个月之前，恐怕一周之前某天做了什么，他都无法记得。

2. 说谎的人不会把事情描述得很详细

丈夫一晚上没回来，第二天，妻子问他："你昨天晚上是不是又赌钱去了？"丈夫有些慌张，说："不是，我跟朋友们喝酒去了。"妻子接着问："是吗？都是哪些朋友？去哪儿喝的酒啊？"丈夫："就是关系不错的那几个朋友，去老地方喝酒了。"

很显然，妻子不会相信丈夫模模糊糊的回答。当一个人说谎的时候，他是心虚的，他害怕给出的信息越多，漏洞就越大。所以，当妻子问到具体的人时，丈夫不敢多说，害怕会穿帮。说谎的人，经不起追问细节，如果有怀疑，只要多问几句，就会知晓答案。

3. 故意提供更多信息

警察在审问犯罪嫌疑人的案例中，我们发现，当警察问抢劫犯他吃过晚饭在做什么的时候，他说自己在看电视，而且还主动报出了节目内容。这就是典型的说谎方式之一！

说谎的人是心虚的，他害怕被看穿。所以，为了取信于人，会对自己的谎言加以更详细的描述。跟前面的区别是，他是不打自招，主动说出来，并且因为是早已在心里编造好的谎言，说出口的时候显得不假思索。

对于真诚的人不是这样，他们内心坦然，就不会再去做多余的解释。

比如，女友打电话给男友，很长时间才接，问为什么这么晚才接听啊？如果没做坏事儿，男友一定很坦然地告诉她："哦，我在卫生间没听着。"如果他啰唆很多："我在卫生间，水龙头开得很大，我的房子隔音效果太好了……"那他一定在说谎。

在谈话中，如果人说了谎，一定会有某些语言，或者说话方式表现得很刻意，只要我们认真观察、仔细体会，是可以找出其中破绽的。

不同的谈话方式显露不同动机

我们有理由认为可以通过一个话题探索到对方的深层心理，其方式有两种：一是根据话题内容来推测对方的心理秘密；二是根据谈话展开方式洞察对方的深层心理，以了解此人的个性特征。

客观地说，谈话的种类千奇百怪，如果要想知道对方的性格和气质，最容易着手的办法，就是观察话题与说话者本身的相关情况。

比如，他们谈话的内容不仅以自己本身的话题为主，也会涉及其家庭、工作以及与家庭有关的事情，常常在话题里出现的人物往往就是自己的身边人。

在交往的谈话中，女人们喜欢谈论别人的风流事以及自己丈夫的一些脾性，这种情况通常表明她们关心对方到了相当强烈的程度，甚至把这个男人当作自己的化身，她们谈论这个男性的各种情况就像谈论她们自身一样。

1. 倾听谈话

以这种谈话方式出现的人，其表现是支配者的形象。这种人物的谈话从不涉及自己的事，或有关自己身边的人，他们的话题反而是涉及别人的一些琐事，或对方的隐私秘闻，甚至对对方的一举一动或每条花边新闻都捏着不放手，这完全是侵犯别人的隐私。

从男女关系的角度来看，表示你很关心对方，或者极度爱慕对方，是个忠诚的倾听者。

像这样的倾听者，非常喜欢把话题的重点放在跟自己完全无关的人身上，名人、歌舞影星的花边新闻逸事方面，这说明此人的内心有一种支配的欲望。

由此可见，此人是个实在太沉迷于闲谈名人或明星风流韵事的人，这说明此人很难结交真正的知心朋友。或许是内心太孤独、太无聊了。只要关于别人的私事，即使对方跟他并不熟悉，而他却非常热衷于去谈论他们，这些都表示内心的孤独和空虚。

2. 不满的谈话

凡被压抑在内心深处的意愿，并不限于情感方面的问题，其实对于工作方面的欲求得不到满足，也是非常之多的。关于这一点，一般来说会采用发牢骚或埋怨的方式表示出来。我们从这些埋怨的话题里，就能够探究有关欲求不满的实质。

当你经常对别人诉说你对工作环境不满的牢骚话，以及对人事方面的埋怨，为什么你的话题谈来谈去总是离不开抱怨呢？或许你不愿承认自己的无能，而把责任推给单位。

那就是说你通常不会承认失败等不愉快的经历，也极力否认内心的自卑感，反而会设法找出适当的理由替自己辩护。

也许，在你发牢骚和抱怨的话题里，不少是关于上司的问题，从表面上看，你这个埋怨者对自己的顶头上司非常不满。其实，你的内心却有一股极想出人头地的欲望，就好像火焰一样在热烈地燃烧着。

无奈，自己偏偏没有这份才干，得不到上司的提拔。于是，就找出一套自欺欺人的逻辑，同时，为了使自己的心里能够接受这一套道理，便不得不责备上司的无能和嫉贤妒能，使自己的观点合理化。

朋友和同事们都很难接受这种抱怨，甚至反感这种怨天尤人的做法。

还应该注意的一点是，当有人故意使用谦逊与客气的言语与你交谈时，其实，他是企图利用这种方式和态度闯进你的心里，从而突破你的戒备防线。其真实动机在于企图控制你，以便实现居高临下的欲望。

从说话习惯看脾气秉性

每个人因为生长环境、教育水平等因素的影响，说话习惯也大有不同，反映出来的个人性格也明显不同。只要你能了解一个人的说话习惯，那么想了解他的脾气、秉性也就不再是难事了。

1. 一针见血者

这种类型的人往往有着比较强的洞察力，自己的思想又很独特，所以总能一眼看出问题的实质。但美中不足的是，说话一针见血者多有攻击性，在与人交往中，一旦发现谁有不对的地方，他们总是会毫不留情地指出来，不惜让对方难堪。

2. 好为人师者

这类人大多自我意识强烈，常常自以为是、目中无人，而且希望自己能够引起他人的注意，所以经常否定他人的观点，并把自己的观点凌驾于他人之上，给人一种高高在上的感觉。

3. 惯用方言者

说话习惯用方言的人，感情丰富且特别重感情。他们的适应能力并不是特别强，但自信心比较强，有一定的胆量和魄力，所以他们相对来说还是很容易获得成功的。

4. 牢骚满腹者

在说话的时候总是不断发牢骚的人，多是好逸恶劳、贪图享受的人。他们想改变自己的处境，却只是说多于做，安于现状而不去实际行动，一遇到挫折和困难就逃避退缩，把自己失败或不幸的根由都归结到外界的因素上。他们自私自利，缺乏容人的气度，很少设身处地地为别人着想，却总期望得到更多的回报，一旦别人无法满足他们的期望，他们就会怨天尤人，从来不会在自己身上找原因。

5. 淡泊名利者

这种人说话温顺平静，反映出他们性格温和，渴望过一种与世无争的生活。他们很少与人发生冲突，有时在他人看来，这一类型的人总是显得有些胆小怕事。其实不然，这只是由于他们不想被卷入许多是非中去，所以会采取回避的态度，如若竞争不可避免时，他们将会将自身的才华淋漓尽致地发挥出来，成为一个能刚能柔、能屈能伸的人，从而大有作为。

6. 圆通和缓者

他们待人多诚恳、热情、宽厚、仁慈，具有一定的同情心和理解心，处世圆滑，因而不太容易受到他人的责怪。虽然他们对于新生事物的接受能力有一定的限度，但因为心胸比较开朗和豁达，所以会对此持理解与尊重的态度。

7. 奇思妙语者

这类人大多比较聪明，具有一定的幽默感，比较风趣，而且随机应变能力强，常会给他人带去欢声笑语，很招他人的喜欢，所以这类人的朋友很多。但树大招风，这类人易遭受他人的嫉妒和攻击。

8. 谈吐幽默者

这类人大多感觉灵敏，胸襟豁达，他们很少死死板板地去遵循一些规则，甚至完全是不拘一格。他们非常圆滑、灵通、聪明、活泼，有许多人都愿意与他们交往，他们会有很多的朋友，却不会因此而成为出头鸟。

9. 妙语反诘者

在谈话中能够妙语反诘的人不仅会说，而且会听，当形势对自己不利时，他们能够从对方的谈话中抓住各个破绽去反击，从而使自己摆脱劣势地位。

10. 善于倾听者

这类人通常有自己独特的思想、缜密的思维，而且谦虚有礼、性情温和。他们可能并不引人注意，但虚心好学，善于思考，值得人信任，因而交往一段时间后，他们一定会获得他人的尊重。

11. 转守为攻者

这类人谈话时多心思缜密，从不做没有把握的事情，总是首先保证自己不处于劣势，然后再追求进一步的成功。遇事能够沉着冷静地面对，随机应变能力强，能够根据形势适时地调节自己。

12. 思路清晰者

这类人能通过自己独特的洞察力，在谈话中以充分的论据说服对方，他们多是非常优秀的外交型人才。他们往往对他人有非常清楚的了解，然后使自己占据主动地位，使对方完全顺着自己的思路走，以赢得最后的胜利。

13. 避实就虚者

这类人常会制造一些假象去欺骗、糊弄他人，一旦被揭穿，又寻找一些小伎俩以逃避、敷衍过去，自嘲是这类人说话的最高境界。

14. 旁敲侧击者

在谈话中善于旁敲侧击的人多能够听出一些弦外之音，又较圆滑和世故，常会一语双关。他们经常说一些滑稽搞笑的话以活跃气氛，待人比较热情和亲切，而且富有同情心，能够顾及他人。

不同的话有不同的表达效果，甚至有时同样一句话从不同的人嘴里说出来，也会产生完全不同的效果，其关键就在于说话者以怎样的方式说，而怎样说又是由说话者的性格所决定的。所以，只要你注意说话者的惯用说话方式、语言习惯，就不难观察出这个人的性格。

伪装出来的惊讶持续得过长

惊讶是在日常生活中面对突如其来的事件而产生的一种本能的生理反应。事件本身的意外程度和惊讶程度一般来讲是成正比关系的，同时还要看事件本身和我们自身的联系程度。

越是联系紧密的事件，就越能引起给我们带来吃惊的震撼。如果事件本身足够意外，但是和我们自己的联系稀松，或者就是一个单纯的意外性新闻、街头巷尾谈论的事件，那么这个意外只是个意外而已，就不能让我们产生足够的惊讶情绪。

小李是一家企业的部门经理，周一就像往常一样驱车来到单位，之后就开始准备自己一天的工作。为了能和自己部门的员工打成一片，他并没有到自己的办公室办公，而是和大伙一起。很快他发现平时就在自己身边的小陈没有来。眼看着上班时间都过了一个多钟头了，他还是没有来，小李就问旁边的同事："哎，我说，今天小陈怎么还没有来，"他是部门经理，自然是要问问，"要不你给他打个电话看看是什么情况？"

"经理，您还不知道呢啊？"

"知道什么啊？"小李一头雾水。

"我们部门的小陈……"

"怎么了，你快说啊，我真不知道！"小李的心里有点发毛，一种不祥的感觉一下子从心里蹿上来了。

"小陈他……死了……车祸……"

"死了？……"

小李被这个突如其来的消息惊呆了。瞳孔自然张大，脸上的肌肉基本就僵住了，张大了嘴巴，一两秒内，他的身体都是静止的，完全静止的那种。很快他深吸了一口气说："怎么会这样？"上一周还是阳光灿烂的小伙子，怎么就死了呢，一点心理准备都没有。他的双眼充满了惊异。

人在面对这种突如其来的意外事件的时候，很容易因为精神没有准备而造成短时间内的呆住，典型的反应就是像小李一样，脸上的肌肉僵硬，嘴巴张开，并且是向下张开，如果不是向下的话，而是比较夸张的那种咧开的话，很可能这次惊讶的情绪是假的，而且一般来讲，正常的吃惊时间是一秒钟左右，不会多长，如果这个时间太长（一般来讲正常就是一秒钟），比如说超过了一秒钟，那么这个惊讶的表情就是假的，不是表情的发出人的真实的内心感受的结果表现。就像是小李一样，他很快就从这个让自己万分惊讶的情绪中出来了。

惊讶产生的首要条件就是意外。在自己完全想象不到的情况下产生了一些意料不到的状况。所谓的惊讶就是指你没有想到过，或者是暂时还没有意识到，比如你正在大街上和一个朋友聊天，突然后面有人拍了一下你的肩膀，并且对你说："嘿，好久不见！"这时你就会很惊讶，为什么呢？因为你没有想到自己很多年不见的一个老熟人竟然能在这里遇上。当然，某件事物突然消失也会带来同样的结果，比如说上文小陈的离去。

对于其他动物来讲，吃惊也在一定程度上存在，比如说正在低头吃草的食草类动物，它们如果听到一些风吹草动，就会很警觉地抬起头向四周张望。身体一动不动，但是这个时间不会持续多长，除非是它感觉到了潜在的威胁就在自己周围，它们才会安静地倾听或者是观察好一阵子。

惊讶的产生总是伴随着一定的刺激而来的，我们也可以将这个来源称为刺激源。刺激源并没有一定的模型，或者是一定的内容归类，它可以是动态的也可以是静态的，可以是获得也可以是失去。一般来讲，越是意外的程度高，就越能在我们的面部表情上留下更为明显而丰富的表情。

惊讶就是人在面对突如其来的事情时，没有任何防备意识的时候而产生的一种不自觉的面部表情，事情对我们的心理产生了影响，而且多数是在猝不及防的情况下。如果我们已经在心理上有一定的防备意识了，惊讶的可能性就会变得很小，甚至没有。

惊讶的表现程度在多数情况下，正好表现出了信息的接受者对某件事情的关注程度，从而得到可能想要的一些信息。比如说，在自己的同伴中，可能很多人都对某个明星表示非常喜欢，当大家在一起聊天的时候，有人爆料说这个明星其实早就结婚了，只是我们不知道而已，还当他是单身呢，感觉被骗了啊。这时候同伴中多数人可能会对这样的信息表示非常吃惊，怎么可能结婚了，这是不可能的事情啊，我们怎么就一点都不知道呢？

但是如果你发现有某个人对这样的新闻并没有表示出什么太多的关注，或者甚至只是说，这样的事情很常见啊，有什么大惊小怪的。

这时你的想法是什么，有可能会有很多，但你很可能会想到一个问题，这个人其实对这个明星并不是很喜欢，起码不是他表现出来的那种程度，不然的话，不会表现出那么淡漠的态度。这就是惊讶在一定的情况下产生的作用，或者是给我们传递的一些信号，我们能从一个人的惊讶与否、惊讶程度来对这个人对某件事，或者是某个人的喜好进行大体上的判断。如果他表现出的不是那种冷漠的态度，而是非常震惊，这个时候我们也不能着急下结论说，他就真是很惊讶的，因为他有可能是为了和自己的朋友们保持一致，而表现出自己的惊讶，不过这个伪装出来的惊讶一般会有一个相对明显的硬伤：时间过长。

举个生活中的例子，如果你想知道某个人对你的关注程度，那么就可以通过类似的方法进行衡量，你可以在谈话中谈及一些外人从不知道的一些事情，然后再细细关注对方的反应。这个反应一定要能得到真实的回应。一般来讲这也不是什么困难的事情。

如果他对你讲的比较意外的事件的反应是小李那样的吃惊状态，那么你就可以得到一个最基本的判断，这个人对你的关注程度还是比较高的，如果相反，表现很冷静，或者是吃惊到让你吃惊的地步，拉长了声调和你说："真……的……吗？"那么也说明了这其实是假象。你们的关系其实一般，或者是并不是像你预期的那样。

不能完全地从惊讶这个角度进行最终的判断，因为人是复杂的动物，判断一个人的内心是复杂的事情，不然我们的先人也不会说画龙画虎难画骨，知人知面不知心了。

通过话题了解一个人的格局

你是什么样的人，就喜欢聊什么样的话题。通过话题，可以了解一个人的职业、兴趣，以及他的品位、追求与格局。所以，在生活中、在识人的时候，可以多听听他都在说什么、怎么说。

1. 怀旧的话题

你是不是经常表现出自吹自擂的样子？不管在任何场所，你和别人谈话时，都爱把话题引到自己的身上，吹嘘自己当年如何奋斗的经历？你可能不了解，当旁人看见你那副兴高采烈的模样，实在是很难做到与你感同身受。脾气好的人不得不听你的自我吹嘘，而厌烦的人会马上离你而去，把你搞得尴尬不堪。

其实，从某方面来分析，当你不想直接表现出怨言和欲求不满的意思，没有采用愤愤不平的表达方式，相反地，却是以自吹自擂的方式表达出来。当你所倾谈的对象是涉世不深的年轻人时，你很难记住那句格言：好汉不提当年勇。

事实上，你还不知道这种自我吹嘘的行为，是很难适应时代的变化的。或许你真的上了年纪，或许你是个不折不扣的失败者，完全靠怀旧来过生活。

不过可以看出你确实陷入某种欲求不满的环境中，可能你的升职途径遭受阻碍，或者无法适应目前所处的环境。所以你希望忘却现实，喜欢追忆往事来弥补现在的境遇。

对你来说这是一种倒退现象，因为眼前的情况是如此的残酷，所以，你仍用变幻般的表情来谈话。当然从你的话题里，别人会发现潜藏在你的内心深处的一股不可救药的欲求和不满的情结。

2. 自我心中的话题

分析一个人的内在表现时，他的潜在欲望不但隐藏在话题里，也存在于话题的展开方式上。在聚会上，大家彼此正在交谈时，突然有人竟然不顾别人的谈话，而插进毫不相干的话题，这是相当令人讨厌的一种转移话题的方式。

你是不是这种心血来潮的人？在和别人谈话时，经常把话题扯得很离谱，或者不断变换话题，让别人觉得你很莫名其妙。其实从某方面来讲，你的支配欲和自我表现欲都特别强，你根本不把对方看在眼里，而完全摆出我行我素的样子，觉得大家都得听从你的主张。

或许你是个行政长官或者一个公司的主管，你已习惯于滔滔不绝。其实，你这样做的目的，不外乎是担心主导权落入别人之手，而你是个自始至终都喜欢占据优势的人。

话题的内容不断变化固然是个好现象，但如果话题很离谱，一切都显得毫无头绪，那就会使听众感到索然无味。倘若你是个普通人，总谈些没有头绪的话题，或者不断改变话题，东拉西扯，那就表示你的思想不集中，给别人留下支离破碎的印象。这说明你是个缺乏理性思考的人。

当然一个优秀的谈话者，是很少谈及自己的东西的，而是将对方引出来的话题进行分析、整理，不断地从对方身上吸取许多知识和情报。在一些情况下，有的人将全部注意力放在倾听对方的谈话上，从性格上讲，这一类型的人很能理解别人的心思，而且具有宽容的精神，是真正的君子。

3. 爱用"我"的谈话

语言可以表示一个人的教养，同时，语言对于一个人的性格形成也有重大的影响。语言的表达可以代表一个人的社会地位、阶层以及所处的地理环境，同时也能代表一个人所受的教育程度。当然，语言是自我表现的一种手段，而且在不知不觉中也能反映一个人各种曲折的深层心理。

人们在谈话中首先就要使用人称用语，这是自我称呼的代名词。这个词不仅可以反映出说话者的意识，而且也能表征出各式各样有关性格的情况。例如我们在电视或报纸上常常看见大人物们的谈话，他们在每句话里不断用"我"这个字。我们可以从对这个字的使用发掘出说话者的真实个性。

现代社会里，年轻人比较喜欢把自己称呼"我"，当上了一定年龄时，尤其是在公共场合里，就不那么使用"我"这个词了。我们经常听见有人使用第一人称的单数"我"。如果听见一个人老是用这样的语气："我说……"或者"我教导过你们……"，他开口闭口都在强调自己。由此可见，这种人的自信心一定很强，自我欲望也比较重。

另外，凡是爱用第一人称单数"我"的人，即表示这个人的独立性或主体性极强。而喜欢使用复数代名词"我们"的人，大部分是没有个性的集团埋没型，或者属于附和雷同型。如果一些人在谈话时，开口闭口喜欢说"我们……"这类的开场白，他们的心理状态就跟上述情况相符。

当你平时与人交谈时，在使用第一人称时，是用单数还是复数呢？使用"我"字多的人，表明这人的自我表现欲特强。而有的人不常用"我"，却爱用"我们"这个词，这表明他们具有雷同的性格。

4. 爱用典故的谈话

喜欢使用名人的用语和典故的人，一般来说大部分都属于权威主义者。

对于使用借用语的问题，不但是使用别人的语言来表达自己的意思，而且还透露一种超越自己以上的东西，一种自我扩张的表现欲。

假如你开口闭口就爱抬出一大堆晦涩难懂的语句或外国谚语，使得别人产生一种走错庙门的感觉。事实上，你只是把语言当作防卫自己弱点的工具。你之所以这样做，目的是加强说话的分量，同时表示自己见多识广，来抬高身份和扩大自己的影响。

总的来说，喜欢借用名人的语句或典故，是狐假虎威式的权威主义，说明你很憧憬权威，结果就养成了喜欢使用典故或借用语的习惯。如果你是位女性，那你就会常常借用你母亲的话来表示自己的意思。例如"妈妈说他是一位好人"，说这句的含义，无非是借助母亲的威望，来表达自己的观点。

不过如果你过分借用母亲的话语，那也表示你跟母亲是同一层次上的人，表明你的依赖心还太重。总的来说，这种人在精神上一直是处在母亲的怀抱里，给人一种乳臭未干的印象，至少可以说明你在精神上还很幼稚。

5. 使用恭敬语谈话

你知道一个人在社会生活中能处世得体，恭敬语在言语中一直担任着非常重要的作用。当然，如果故意使用不自然的恭敬语，表示你在心理上有某种不平衡。

在一些无关紧要或熟悉的人际关系中，一般没必要使用恭敬语句。不过，当和你关系很亲密的人碰见你时突然用恭敬的语句，那么你就不得不小心着点。比如你的配偶和你谈话时，突然使用亲切的措辞时，那么你就应当知道他的状态和平时不同。因此，如果一个人过分使用恭敬语言，那么就表明有激烈的嫉妒、敌意、轻蔑和警戒心理。如果一位友人，突然对你表现得特别恭敬，那就可能和你的距离越来越远，甚至可能含有轻蔑与嫉妒的动机存在。

恭敬语仅仅是礼貌用语，它会常常在无意识中拉开自己与他人之间的距离。从现实的观点来看，如果你听到对方不断地向自己说出毕恭毕敬的话，那么，你就要小心提防他的用意。

网聊也能反映聊天者的特性

在当今社会，网络聊天已成为大众沟通的一个重要手段。在网上聊天，虽然相互间看不见表情，听不见声音，但是独特的网络语言却依然能将人们种种曲折的深层心理不知不觉地反映出来。在网上，通过文字、标点、特殊符号等传达的语言内容及流露出的语气不仅能反映聊天者在社会阶层或地理区域上的特性，还能反映出他们个人的修养、个性和心理。在网上聊天的人虽然形形色色，但只要我们掌握方法仔细揣摩，就能揭开网络的内幕，把对方的年龄、性格、气质、想法弄得清清楚楚。

1. 从常用语气词分析

呀。言语里含有很多"呀"字就显得此人比较幼稚。喜欢用这个语气的人，年龄通常都比较小，一般在20岁左右。

"哈哈"这种笑是成熟温和的男人的笑法，当他赞许或无法回答你的时候就常用"哈哈"来表示或掩饰。他们是小女孩的克星，那些青涩幼稚的小女生常常会被这些成熟的男人迷得晕头转向。她们想要制服他们，但又玩不转，到头来被控制的反而是自己。"大智若愚"是这些成熟男人的绝招。

哈。喜欢用"哈"的人比较聪明，但是又很冷漠。这种笑的象声词既不表示赞许也无褒贬之意。

哈哈。这样的人比较开朗、豪爽。

哈哈哈哈。这样的人豪爽、乐观，和他在一起你会很开心。但有时"哈"的连用也表示恶作剧得逞后的开怀大笑。

嘻嘻。喜欢用这种语气词的人活泼调皮，古怪精灵，喜欢捉弄人。通常是一些年轻的女孩使用。

嗯。用这个词的人一般都比较温柔，能体贴人。这个词是女性常用词。

2. 从说话内容分析

当两个人刚刚认识，还没说上几句话就开始说"我爱你"之类的暧昧语言的人，要么是年龄比较小的，要么就是极其空虚的人。

认识很长时间，双方情况都了解得一清二楚后才说"我爱你"，这样的人知道克制，比较能掌握分寸，年龄通常在30岁左右。

不管在网上聊得多火热，从来不说"我爱你"的人城府很深，虚拟的网络和现实的生活能分开。这种人一般都是年龄比较大的成熟理智型人物。

3. 从常用标点符号分析

句子里用很多逗点。这种人做事一般都很急躁，性情比较刚烈。如果是女孩子，她就比较率真，有男孩子的性格。

用很多符号装饰话语。喜欢用一些符号增加气氛，表达自己强烈的心情的人比较浪漫，讲究情调，相对较年轻。这种类型中一般女孩子多于男孩子。

标点符号很整齐。标点符号用得非常规范，连句号都不落下，说明这个人耐心细致，做事十分严谨，应该是比较成熟的人。

不用标点符号。从来不打标点符号的人值得引起注意，这样的人一般都比较有心计，善于耍小聪明。同时他们又很鲁莽，做事不留余地，是一个很难把握的人。

4. 从话题人物分析

喜欢肖战、蔡徐坤、朱一龙等新生代明星的人一般都是活泼好动的年轻人，大多数年龄在20岁以下。

常把关晓彤、周冬雨之类的明星挂在嘴边的，一般是讲究情调的白领小资。他们比较浪漫、富有梦想，年龄通常在25岁左右。

喜欢蒸汽朋克的一般是喜欢标新立异、追逐潮流的人，但他们往往又把握不准潮流的脉搏。

喜欢欧洲艺术、鄙视美国金属气质的人比较前卫，学历高，品位也高。这样的人比较清高，有时会曲高和寡，和他们在一起可能冷不丁地会被他们来一句："土气！"他们年龄一般在30岁左右。

喜欢刘德华、张学友的人年龄一般都比较大，一般是四五十岁。

5. 从打字速度分析

如果某人打字速度非常快，但是错字连篇，这样的人大都是些年轻人。他们做事毛躁，有强烈的表现欲。

如果这个人打字一向很快，突然节奏变慢，并感觉在敷衍你，那说明他不只和你一个人聊天，或是主要注意力不在聊天上，可能是在打游戏。对于这样的人应该尽量不要关注过多，而应顺其自然。

如果这个人打字不是很快，但是说出的话幽默且富有哲理，则表明这些话都是经过思考的，这样的人一般都比较成熟稳重，有修养。

在网上辨别人虽然相对比较困难，但是只要方法得当，我们不闻声不观色，同样能够"明察秋毫"，将对方的心理分析透彻。

当心巧言令色者

语言，是世界上最美丽的艺术，懂得合理运用语言艺术的人，往往是聪明的人。然而，在日常生活中，我们常常会掉进应接不暇的语言陷阱。子曰："小人巧言令色。"何谓巧言令色？孔子说："花言巧语，一副讨好人的脸色，这样的人是很少有仁德的。"这就是孔老夫子为巧言令色者所作的一幅直白的素描。

在我们的工作中，经常会看见这样的场面：当大家开会讨论一件事情的时候，当重要领导在现场话音未落之时，巧言令色者就开始上蹿下跳，大庭广众之下溢美之词犹如滔滔长江东流之水，见到领导那就是他最大的幸运，心情特别地激动，口口声声领导的决策那绝对是高屋建瓴、深谋远虑，献媚之词说了一大箩筐。

可是，等到会后，在私下时，他立刻就会摘掉面具，说出大相径庭的话："这样的水平就能做领导，那我早就是领导了。如果这样的事情让我来做，绝对不会出现误差，我一定做得比他出色多了！"这就是一副巧言令色者的嘴脸，他们从来没有真正学会尊重对方。

我们要铭记圣训，时时警惕身边那些花言巧语背后，一脸笑得稀烂的伪君子。然而，这种巧言令色，并不因为圣人的鄙弃而减少，在现实生活中，我们会直接面对利益考虑。

在职场中，有很多时候并不如看见的那样风平浪静。很多人在表面上微笑和善，但暗地里却在谋划自己的事情。就像《孙子兵法》中写道："信而安之，阴以图之；备而后动，勿使有变。刚中柔外也。"全句意为：表面上，要做得使敌人深信不疑，从而使其安下心来，丧失警惕；暗地里会另有图谋。等到做好充分准备，然后再采取行动，不要使得敌方发生意外的变故。这就是外表上柔和，骨子里却是刚强的谋略。所以，凡是花言巧语、满脸堆笑地对人，皆是内藏杀机的外在表露。

职场中的语言，确实隐含着不少秘密，而破解这些秘密，既要细心观察，还必须有一定的经验积累。

上司夸奖你，并不一定是好事情，因为，他们有可能拿最廉价的口头赞扬，取代了实质性的利益。往往很多上司，不吝啬嘴上赞扬，但是，却把实际的好处藏在自己的口袋里。每次被夸，你就少了晋升和提升的机会。所以，千万别被上司的花言巧语给骗了。

在工作中，不要做语言的巨人、行动的矮子。行动比语言显得更加光艳夺目，静观其变，没有过多的华丽辞藻。经验告诉人们：我们要听其言，更要观其行。

古人云："法乎其上，仅得其中。"语言总是行动唯一的亮光。语言犹如苍穹，行动犹如流云，在苍穹的衬托下，流云才越发生动起来。

由此，我们得到的启示是：不要总是信誓旦旦，也不要放弃自己的优势与别人盲目攀比。每个人，自有短长，以己之短较人之长，这是失策而愚蠢的。

无论生活将机遇和幸运赐予谁，都有它赐予的理由，一味地羡慕、嫉妒与贪婪不但于事无补，相反，还会腐蚀你的内心，只有抱着淡然的心态，认真地做好你应该做的工作，才有可能得到并不淡然的结果。

懂得聆听，才能揣测话语中的玄机

俗话说"听话听音，锣鼓听声"，如果能熟悉掌握好这个道理，体察对方内心的真实想法，因人而异，随机应变，调整好自己的心境，尽可能地进入对方的角色，设身处地替对方着想，那么，办事时就会减少很多麻烦了。

聆指的就是聆听，但是聆和听不一样。聆是仔细听，十分专心地听，而听只是一个较宽泛的听的动作。仔细地听别人讲话，就是聆音。察是洞察、考察，理是话里面的道理，话里面深层的含义。

对方说的话，要表达的真正含义是什么，我们一定要搞明白。在人与人的交往中，有时，对方的话中，就存在"假语存"而"真事隐"，如果，不懂得聆音察理，不但会听不懂对方的话语，甚至，还会闹出笑话来。

如果，你想知道某些消息，你就要和对方从一个平常的话题切入，然后认真倾听、提问、倾听……循序渐进，从而达到自己的预期目标，要是对方在高兴之余，还会把你看作一位可信赖的倾听者。

在表面上，话语的"言外之意"是我们看不到的，但它传达出来的信息，却是极为微妙的，需要我们精心捕捉。准确、细心地辨别各种言外之意，用心体察言者的真正用心，可以使自己避免言语行为的鲁莽或盲目性。懂得听他人的"言外之意"固然重要，但同时，也要我们慎重说话，避免别人听出不必要的言外之意。

比如，一位年轻的员工，在非正式场合向领导说起工作量太多、任务繁重。这位领导误以为下属嫌工作累，于是找了个机会，把他调到一个轻闲的部门。其实，下属只是随便反映一下情况，并没有很大的真心成分，只是想让上级知道他工作的辛苦，肯定和承认他在单位里的地位和作用而已。结果，不合适的表达，让领导误听了言外之意，结果哑巴吃黄连，有苦不能言。

往往在交谈时，人内心的思想，有时会不知不觉地流露出来。所谓"流露"，就是不直白地说，但是从措辞、语气、语调和体态等方面，曲折传达出一种言外之意。

倘若只听到表面话，对别人无声的信息无动于衷，通常会丈二和尚摸不着头脑，搞不清对方真正要表达的意思。

因此，在办事的过程中，与人交谈要注意听、仔细听，这样才能够听出对方的弦外之音，知道别人真正想表达的东西。

一般来说，一个人的感情倾向或意见，都在其说话方式里，表现得清清楚楚，只要仔细揣摩，就算是有弦外之音，也能从说话的帷幕下逐渐透露出来。从他的说话方式，就能找到他的真实想法。

如果对某人心怀不满，或者持有一定的敌对态度时，许多人的说话速度，都会变得迟缓，倘若有愧于他人，或者说谎话时，说话的速度自然就会快起来，所以，从说话的速度，也能够看出对方的深层心理。

例如，有一名男士每天下班都准时回家，这一天，他下班后却留在办公室与同事们一起娱乐，回到家时他就马上跟妻子说，他加班了，而且还诅咒，现在为什么会有这么多的活儿干不完之类的话。他说话的速度一定会比平常快，因为，这样可以解除他因撒谎而产生的不安心理。遇到丈夫这样时，做妻子的一定要慎重处理，什么事一旦有了开头，就会有下次，不可掉以轻心。

上面所说的这位"加班"的男士，当他回到家时，他说话的速度不仅快，而且还那么慷慨激昂，仿佛今天的"加班"，的确让他为之大大地反感，他是十二万分不情愿"加班"的。

当和妻子两人意见产生歧义时，丈夫提高说话的音调，那就表示，他想压倒对方。

对于这种心怀企图的人，他说话时，就一定会有意地抑扬顿挫，下意识地制造一种与众不同的感觉，有一种吸引别人注意力的欲望，此时，自我显示就会逐渐地表现出来。所以，从说话语调的高低，我们也能洞悉一个人的心理。

构成谈话条件的因素，包括两种不同立场的存在者，那就是：说话者与听话者。我们还可以根据对方对自己说话后的各种反应，去观察对方更深层的心理。

如果，一个人在倾听时很认真，他大致会正襟危坐，表情认真，视线也一直会望着对方。反之，他的视线必然会显得散乱，身体也可能在倾斜或乱动，这就表现出他此时的烦躁情绪。

有些人在倾听对方的每一句话时都非常仔细，等到讲述者快说完时他也会透露出自己的心声和想法，由此看来，这位倾听者完全依靠坚韧的耐心，再配合一股好奇心，才能最终突破讲话者的秘密。所以，学会听话的方式，也能看破对方的心理。

另外，从对方谈论的话题，我们也能看出对方的内心。人们的情绪，常常会在不知不觉中，从某些话题中展现出来。话题的种类也是多姿多彩的，如果想要明白对方究竟要表达的是什么意思，就要了解话题与说话者的相关状况，从这些方面着手，你将能获得更多的信息。

一般与中年女士交谈时，她们的话题，大都是围绕着自己展开。由于在这个年龄段，大多数女士会对一些护肤品、化妆品、目前最流行的时尚服装等话题感兴趣，所以，在与她们交谈时，应该多多倾听，而不是多说，只有学会了听，你才能从对方的话语中，找出更多的信息，掌握了这些，再与之进行深层次的谈话，事情也就好办多了。

一般在年轻小伙子的眼中，车子是他们最爱谈论的话题。关于车子的杂志，跟音乐、电影、足球杂志一样畅销。

年轻小伙子的话题，几乎都涉及与车子的品牌、行程距离、速度等相关的话题，虽然，他们中的大多数人，都暂时买不起车。而事实上，对方如此热衷于车的话题，也有一种潜意识在告诉我们，他在表示，他将来有能力购买轿车，或者是，希望自己对这方面懂得较多，而且，这也是一种时髦的话题罢了，并想自我展示一下的心理。

所以，与他们谈话时，要聚精会神地听他们侃山，尽量不要摆出讨厌或不耐烦的面孔，对于他们来说，光是你的耐心听，就足以满足他们的虚荣心了。

说错的话也许正是内心的想法

大多数人都认为，说错话或做错事，是因为一个人对待事情马虎，不够用心。然而，其真正的原因却是弗洛伊德所认为的：马虎并不是我们自身的原因，马虎是被压抑的、无意识的欲望和感情突然出现而造成的。因而，使我们在日常生活中，会出现说错了话、做错了事的现象。

孩子们在游泳池里游泳时，我们经常可以看到这样的情景，孩子靠着救生圈或大球浮在水面上，当岸边他的朋友，突然来到这里，喊一声"喂"，孩子会突然回头，刚一失去平衡，他的身体就被抛入水中，身下的大球便浮了上来。

这种无意识的世界，就比作球。而说错话，就好比这个球，我们由于马虎，姿势刚一有点失去平衡，被压抑的欲望和感情，便从底下抬起头来。

关于说错话的心理，下面我们举一些例子来看看：

有一天，教授在很多学生面前，讲解关于鼻腔的解剖。鼻腔的构造，可以说是很多学生不容易明白的问题之一。

当讲课结束时，教授便问大家："怎么样？大家现在都明白了没有？"

学生们齐声回答："明白了。"

于是，这位教授自命不凡，一面伸出一只手指一面说："真是难以置信，懂得鼻腔的人，即使在维也纳那样的大城市里，也只有一个。噢，不，说错了，只有五六个人。"

上面说错话的例子，在日常生活中，大家都会说："一时的马虎，无意中走了嘴。"可是，弗洛伊德等人却有不同的见解，他们认为这种说错话的现象，有着重要的意义。

本应该说"五六个……"而错说成"只有一个"，显然，这位教授潜意识的心里，藏着"真正懂的，只有我一人，老子第一"这种骄傲自满的情绪。

这样，被压抑了的自尊心和隐形的渴望在不知不觉中浮现，并借助某一事件无意凸显出来了——这就是引起说错话的真正原因。

下面这个例子，也是由德语造成的一个关于"短裤和家"的笑话。

德语的短裤叫Hose，有一个女孩把它误当成英语的"家"说出了口。

有一个男士，在东阿尔卑斯的一个地方旅行，他遇到了两个年轻女子。因为是同路，所以说话比较轻松随便，他们广泛地谈论了各种话题。

谈话中，一个女子诉说着旅行生活中的不便，说："就这样一天不停地在火辣辣的太阳底下走，罩衣和衬衣都被湿透了，难受得受不了。"

后来，她又接着说："出了这么多汗，如果回到Hose（短裤）里去换的话……"无意之中，她说错了话。

可能聪明的人，立刻就会明白事情的原委。本来刚才她在点数衣服，"罩衣湿了，衬衣也湿了"，点到这里，本来短裤也应数进去，但由于女性的修养，而抑制住不再数了。本想说回家再换，但"家"和Hose发音很相似，所以脱口说出了Hose。

有一次，澳大利亚的下院议长，在主持大会的开幕时，说了下面的话："诸位，现在清点到会议员人数。在此，我宣布闭幕。"

由于大家的笑声，他意识到自己说错了话。当时的议会，受到在野党的猛烈攻击，其艰难之至，是可想而知的了。

有个老处女，求一位朋友给她介绍工作。因为要填履历表，朋友问她出生年月时，她顺口说："昭和十一年生。"朋友马上理解了她的内心活动，特意重问了一遍。回答是"大正十一年生"。把年号说错，正是因为引起了身世的悲伤所致。

此外，还有很多例子：

丈夫病了，他的夫人去医院，请教那里有关丈夫的饮食疗法。一回来，她就告诉丈夫："医生说了，凡是我喜欢吃的东西，不管什么东西，都要让你吃。"

不用说，正确的说法，应该是："凡是你喜欢吃的东西，不管是什么，都要吃。"实际上，这位夫人是比较任性、放肆或在平时就是欺负丈夫的那种女性。

还有，诸如"在多湖先生家里，我担心他用家常便饭招待我"。说出这样的话，真可谓祸从口出，所以，要好好注意才是。

我们马虎、出差错并不都出在嘴上。有一位一直热恋着一个已故的人，他打电话不管往哪里打，总是习惯地顺手就拨恋人的电话号码。

在日常，也许我们也常挂错电话，有时，顺手挂到自己家里去了。发生这种情况的人，往往是想拒绝约会等，因为这时他的心理，有一种难以明说的心情。

此外，常出现的错误是，写错收信人的地址，或写漏了等。

有一位妇人，接到了妹妹的乔迁的通知："现在我已搬到了新建的大住宅了。有时间请一定光临。"于是，她立刻写了回信，表示祝贺。

信笺写得还好，可是写信封时，却还是写上了以前的住址。显然，这位姐姐潜意识里有一种嫉妒心理的表现。她内心可能是这样想的："住在原来的小房子里，就很不错了。"其实，她可能也在为自己，该如何从不自由的房间中挣脱出来，而焦躁不安。

说错话和做错事的例子很多：

前几天，我得知了一位同学患了癌症，不能再恢复健康了。等去到医院探望时才知道，患癌症的是他的妻子。

后来经多方面调查才搞清，原来是一个从很早以前就和他关系不好的人给传错的。而他的妻子是一位绝代佳人，或许也与这种误传有些关系吧。

学会听出"弦外之音"

必要时，我们可以巧妙地运用"弦外之音"来暗示他人的错处，或婉转表达你想要表达的意思。在交际中的对话，对智慧者来说，往往是一种很有趣的享受，弹出的弦外之音，并能巧妙地得到回应，这大抵可以说是高手过招了。巧弹，就是需要我们说话时，点到为止，让对方既了解了你的感受，又懂得了你的言外之意。

有位客人，去参加一个宴会，见主人招待他，却没有丰盛的菜肴，于是，他便向主人要来一副眼镜，他说自己的视力不好，看不清桌子上的菜。

当他戴上眼镜后，大谢主人，并称赞主人太破费了，怎么弄这么多的菜。主人说："也没什么菜，怎么说太破费呢？"客人说："满桌都是，怎么还说没菜呢？"主人说："菜在哪里？"客人指着盘内说："这不是菜，难道是肉不成？"

这位客人面对主人的吝啬不好直接说，却转弯抹角用了几句妙语，批评主人的吝啬他既表明了自己的不满，又讽刺了主人的小气。

罗西尼是意大利著名的作曲家。有一天，另一个作曲家，拿着一份拼凑的手稿来请教他。在演奏过程中，罗西尼不停地脱帽。那位作曲家十分奇怪，就问他是不是房间里很热。

罗西尼回答说："不，我有见到熟人就脱帽的习惯，在阁下的曲子里，我碰到了那么多的熟人，不得不连连脱帽呢。"

罗西尼巧妙地用"那么多的熟人"来暗示，曲子缺乏新意，仿效太多，含蓄地向对方表明了自己的看法和意见，既没有伤情面，又达到了目的。

当然，也不能因一时一事的错误，就将他人的过去全盘否定，或形成限定印象，认为此人"朽木不可雕"，更不能当面就断定此人"不可救药"。利用巧弹弦外之音的批评方式，别人是乐于接受的。

深圳某工业区的一位负责人，出访某国，与某财团谈判时，对方恃其技术设备先进的优势，向这位负责人漫天要价，使谈判一时陷入僵局。

这天，该城市商会邀请了这位负责人去演讲。他在演讲中，若有所指地说："中国是个文明古国，我们的祖先，早在一千多年前，就将四大发明无条件地贡献给人类了。而他们的子孙从未埋怨他们不要专利权是愚蠢的，相反，却盛赞祖先为了推动世界科学的进步做出了杰出的贡献。现在，中国与各国的经济合作并不要求各国无条件地转让专利权，只要价格合理，我们一分钱也不会少给。"

这番精彩的不亢不卑的话，巧妙地传达了他的"言外之意"，赢得了全场热烈的掌声。这一演讲，让对方意识到自己太小气，不够通情达理。于是，这一财团表示，愿意降低专利费与我国合作，最后，达成了近亿美元的合作协定。

试想，如果他当时，直接指责对方无理的漫天要价，或低三下四地恳求对方让步，结果又会怎么样呢？那样，不仅达不到目的，还会有辱人格国格。而他，以巧妙的弦外之音，达到了直言难以取得的效果。

第六章
兴趣爱好，照透性格的一面镜子

　　这世界上没有完全相同的两个人，我们可以通过分析一个人喜爱音乐、宠物、运动等的种类窥探到他的某些性格。

饲养宠物：心理世界的延伸

人之所以开始饲养宠物，是从想让对方服从自己、追随自己的愿望而来，因此，饲养宠物就变成人类的"自我延伸"，也就是说，人类通过饲养宠物表达自己的各种精神和愿望，显示自己的个性特色，有时候暗示出人类所蕴藏的欲求。

从这个角度来看，观察对方饲养的是哪一种宠物，是了解他人深层心理不可或缺的技巧之一。

心理学说，人们总是在无意识的情况下，选择了一种长得像自己，或具有自身某些性格特质的宠物。如动作敏捷、爱说话的人，更偏向养条活泼爱叫的狗。而慢吞吞的主人，会养慢吞吞的金鱼。神经兮兮的人，会想到养条蛇。贪吃的人，会将宠物喂得肥肥胖胖。喜欢大狗的人，会有优越感。喜欢小狗的人，希望得到宠爱。其实，外在的宠物，是其主人内在的一种象征。

养宠物，有几种心理：自恋型、理想化照料者、表达压抑性的情感。

自恋型：就是养什么像什么，或者是他部分人性的反映。人都有自恋的心理，也需要有自恋的心理，养宠物是一种很好的，又不自知的自恋行为。

理想化照料者：养宠物，对他来说是一种过渡课题，如很多小孩都经历这样的一个阶段，他把宠物看成自己了，而当他去充当一个照料者时，其实，他怎么照料宠物，就是渴望别人怎么对待他。

有一些人，则是童年时期的一个未了心愿，比如，从前的家庭子女比较多，而父母能够给到每个孩子的关注并不多，但孩子本身是有欲望与渴望的，在他的心里都有一个理想妈妈的原型，当他有机会时，他会充当这个理想妈妈去照料宠物，这就是一种心理补偿。

表达压抑性的情感：是养宠物的另一种心理。人都有多面性，而往往他表现出来的，不一定是他最真实的一面，这个时候，就产生一种压抑。压抑需要排解。养可以表达自己内心欲望的宠物，也是一种排解。所以，我们会看到，一个斯斯文文的女孩，却养着一条凶恶的大狗这种现象。

养宠物，有着诸多的积极意义。不管出于什么心理养的宠物，都有着积极的意义。比如自恋型、理想化照料者和表达压抑性的情感，养宠物是排解内心忧闷的一个渠道。

养宠物，还分普遍心理和独特心理，绝大部分人都算是普遍心理，不过，如果对宠物过分关注、过分依赖了，也会变成一种心理的隐疾。

因为，人与宠物的关系，会折射出人与人之间的关系，当人对宠物过分关注时，对人与人的交往、关系会变得疏远，他会把理想的人与人的关系，转移到人与宠物之间。

在人与宠物的关系中，人是占绝对主导地位的，人决定宠物的一切，是人可以把握的。但在人与人的关系中，一切是不可把握的、难以掌控的，你的付出不一定会得到相应的回报。这也是一部分人，把情感倾注于宠物身上的一个原因。如果，宠物已经影响到你与人的交往，那么，就要慎重考虑并调整自己与宠物的关系。

养大众宠物：这是一种最普遍的选择，如猫和狗。通常主人会通过把小狗打扮得漂漂亮亮来使自己获得很大的满足感。

养另类宠物：通常代表自己的一种愿望，这种愿望是独特的、很引人注目的，但很多时候，那种独特感、优越感，恰恰反映出内心的懦弱与无助。

养凶猛类型宠物：内心有比较强烈的攻击欲望。

养草根类型宠物：他的内心有草根的一面，最大的特点就是同情弱者。

养狗的人：一般热情开朗，喜欢被别人称赞，同时又缺乏安全感，渴望别人的爱护。

养猫的人：拥有像猫一样懒洋洋的个性，爱做白日梦，喜欢打扮。

养鱼的人：性格豪迈奔放，崇尚自然，拒绝受到束缚，需要极广阔的自由空间。

养鸟的人：总觉得不为他人所了解，常常感到孤独和忧郁，内心还有点愤世嫉俗。

养蜥蜴和蛇的人：特立独行，从不在乎别人的眼光，所以往往难交到知心的朋友。

养蜘蛛的人：这是一种有攻击性的动物，自己内在的攻击欲望得不到表达的人，会选择养一些攻击性强的宠物。

养藏獒的人：这是一种极为严厉的宠物，脾气暴躁，养它的人，会是非常严厉、不达目的不罢休的人。

1. 养狗的他：道德与责任并重

狗狗特质：忠诚、勤快、友善。

相爱之道：多称赞和鼓励对方，让其有表现自己的机会。

一般来说，喜欢养狗的男性，有比较强的道德感和忠诚度。具有吃苦耐劳、踏实、认真的品质，如果能与他成为亲密的伴侣，就会发现，他们对待爱情和婚姻的态度，往往充满强烈的道德感和责任心。

很多女性，把自己的爱情宣言定为"找个养宠物的男人当老公"。已是过来人的刘女士，当初选男友的标准就很"另类"，既不要求有房有车，也不要求年薪，只希望对方喜欢小动物。理由很简单：狗最大的特点是忠诚，你对它有一点点好，它就会双倍奉还。喜欢养狗的人自然也会受其影响，宽宏大度而有爱心。

2．养猫的他：温柔与冷淡共存

猫咪特质：温柔、慵懒、灵活。

相爱之道：要想靠近宠猫男人，不妨顺着他点，从他最感兴趣的爱好入手。

和狗狗不一样，猫很少主动亲近人，也不会摇着尾巴讨好主人，充其量礼节性地"喵"一声。让主人总有点摸不透其喜好。

生活中，以猫为宠物的男人不多见，但是，这种男性往往有着猫科动物的高贵和自信，并且很善于保护自己，以适应不同的环境。与喜欢狗狗的男性不同，他们的性格更难以捉摸，这很容易让女人们产生错觉，觉得他们难以相处。

如果您正与猫型男交往，需做好心理准备，一方面，他有极高的魅力指数，很受女性欢迎；另一方面，他的亲密感欠佳，很可能对你爱搭不理。但是，并不代表他没注意你。

3．养蜥蜴的他：智商高，情商低

蜥蜴特质：属冷血动物、特立独行。

相爱之道：多沟通，需慢慢接纳。

蜥蜴、蛇等爬行动物，是新生的"另类"宠物，这些让女性尖叫的冷血动物，却很受男士欢迎。最让女性想不通的是，这些动物既不可爱、温柔，也不会亲近人类，饲养它们有什么愉悦感？

事实上，喜欢喂养这类宠物的男性，智商往往较高，但情商偏低。蜥蜴的防御心较强，有很厚的外壳，就像人为了保护自己穿上盔甲，所以，这类男性比较敏感，不善于与人交往，对别人的议论，也抱有不在乎的态度。

如果，你的男朋友喜欢养这样的宠物，即便你养也可能是徒劳的，相反在他的影响下，你可能被带入他的世界中。因此，在相处过程中，不妨放慢脚步，一步步展开感情攻势，让他慢慢意识到你的存在，如果感情太过猛烈，会碰一鼻子灰的。

4. 养鱼的他：向往浪漫，崇尚自由

鱼的特质：喜欢大自然、自由、休闲。

相爱之道：不要约束他，少点现实多点浪漫。

鱼与其他动物的生存环境不同，鱼缸有多大，鱼的世界就有多大，哪怕只有几株水草、几粒贝壳，都能让它们悠游其间。喜欢养鱼的男性，不难发现，他们更向往自由自在的生活。在他们的眼里，爱情是纯粹的，有时就像童话。您的男朋友如果有养鱼的嗜好。在与其交往过程中，建议您不要在他耳边唠叨：某某买房、买车了；某某升职加薪了；或是要求他干自己不愿意做的事情。

喜欢养鱼的男性，更注重情操的陶冶，他们往往喜欢生活在自己的世界里，并对此很享受，与"鱼型男"相处，要学会多和他谈谈未来的向往与憧憬。

音乐类型：反映一个人真实的性格

有人说，音乐是沟通心灵的一种方式，因为音乐没有国界。心理学家为了弄明白这是怎么回事，于是，做了一项关于音乐与性格的研究。正所谓，青菜萝卜各有所爱，那么，到底不同音乐的偏好，是否代表着不同的性格？

当你第一次和别人见面，说完"你好！""你怎么样啊？"，接下来该说些什么呢？我们如何与别人交朋友？心理学家已经谈及了身体语言、外貌、衣着的重要性，但是，心理学家对于谈论什么话题的研究，却没显示出应有的热情。近来，就有这样一项研究，让被试们相互交往六个星期，结果发现，他们的谈话中最受欢迎的主题是音乐。

谈论音乐的人数相当多，在第一周内平均而言，谈论音乐的双方占到了58％，而其他谈话的内容加起来才只有37％，那些话题，包括书籍、电影、电视、足球、衣服。

为什么大家都喜欢使用音乐来作为交流的引子？人们也许认为，音乐能够间接地告诉一个人的性格。鉴于这个原因，第二个问题就出现了：音乐，作为测量性格的一种指标，那么，它到底具有多大的准确性？

为了弄清楚这个问题，参与者被要求对十首歌做人们性格的单独判断。把参与者所做的结果，放在五大人格特质标准类型上去作比较。

五大人格特质分别为：基于经历的开放性、外向性、宜人性、责任心、情绪稳定性。

结果表明，音乐的喜好能准确传达一个人的各方面性格，上面的五大人格特质，最被人们喜欢的是，基于经历的开放性，随后是外向性、情绪稳定性。

"从音乐品位这扇窗，能看到别人的生活。"得克萨斯大学的心理学家山姆格斯灵说，"品位能揭示一个人的价值观和需求，这对生活来说太重要了。"当我们渴望在别人身上寻找相似的品位时，别忘了一点：不同的人，喜欢不同的东西，品位千差万别，需要学会尊重。看看不同性格类型的人，品位有何不同？

1. 开放型——高品位猎手

John从小时候起，就开始迷恋音乐，他喜欢收集爵士唱片，边听边自学吉他，在他十六七岁时，还成为一支乐队的主唱。在John的身上，有"品位猎手"的所有特点——高度开放，富有创造性和好奇心，充满想象力。山姆格斯灵发现，开放度高的人，拥有更多的书籍、CD和电影碟片，"开放度越高，对品位的追求越有冒险性"。而开放度相对较低的人，对电影、音乐的选择也会相对保守。

2. 外向型——我要怦然心动的感觉

茜婷丝的家乡，是个墨守成规的小城市，从小她便幻想着去大城市，寻求新鲜的生活。歌坛天后麦当娜是她的偶像："麦当娜展示了一个女人的激情和戏剧性的情感。"如今，茜婷丝喜欢在不同的艺术品中，寻找感官的新鲜愉悦。"我喜欢的画作和音乐，都给人色彩斑斓的美妙感觉。"

像茜婷丝这一类外向型的人，对品位的追求是——生动、活跃、高调明快，外向型的人喜欢动作片或冒险片，但也容易产生厌烦。而内向型的人，对艺术和音乐通常都会持有批判性思维。对他们来说，形式比感觉更重要，对于音乐，他们更喜欢像"巴赫平均律"那样精心构思、有严格秩序的音乐。

3. 神经质型——用品位自我救赎

小奥尔5岁时，父母便离婚了，单亲家庭让他成为一个焦虑不安、很情绪化的孩子，而他喜欢的音乐，也是同样的调调——Portishead和ElliottSmith。当他陶醉地听音乐时，他想象自己站在舞台上动情地演唱着歌曲。"到现在，我也喜欢听情绪变化丰富的歌，"小奥尔说，"听一个乐手的歌，我能感觉到他经历过些什么。"

小奥尔这一类型的人，又被称为神经质型——情绪不太稳定，时常会焦虑，敏感，容易沮丧，这类型的人，用极富精神意味的品位，装饰自己的生活。

4. 责任型——理性动物

丽莎是家中长女，从小习惯"挑大梁"的她，做事情喜欢目标明确。她喜欢写实型的艺术品，而艺术品存在的价值，就是装点屋子，让房间看起来"有美感"。

丽莎是典型的责任型人士，可靠、专注、以问题为导向、喜欢规则和秩序。这一类型的人，不被情绪所控制，通常会喜欢传统艺术，听音乐也带着一份冷静的态度，保持着审美的距离。

伦特弗劳从2003年开始研究音乐喜好。他说，不少人把所喜爱的音乐类型当作自己的"标签"，用来代表性格与价值取向。

在他看来，对音乐的喜好是一种"性格的简略表达方式"。人们可以利用这一标准迅速判断一个陌生人的价值观、社会地位甚至种族。

他说："这项研究表明，即使这些判断未必正确，我们在得知对方喜欢的音乐类型时也会对其产生强烈的主观印象。"

音乐伴随着人类的发展而成长，音乐贯穿整个人类的历史。从原始社会简单的号子，发展到现在全球多姿多彩的音乐，音乐无处不在，无论是妈妈们哄自己宝贝的孩子，还是在庄严神圣的宗教仪式上。不同的音乐给人以不同的感受。

蓝调音乐迷的性格：强烈的自尊、有创造力、爱交际、温文尔雅、心态平和安然。

古典音乐迷的性格：强烈的自尊、有创造力、内向、心态安然。

说唱乐迷的性格：强烈的自尊、爱交际。

歌剧迷的性格：强烈的自尊、有创造力、温文尔雅。

美国西部乡村音乐迷的性格：勤劳苦干、爱交际。

雷鬼音乐迷的性格：强烈的自尊、有创造力、不喜欢苦干、爱交际、温文尔雅、心态安然。

舞蹈迷的性格：有创造力、爱交际、不太温柔。

INDIE乐迷的性格：不太自信、有创造力、不喜欢苦干、不太温柔。

宝莱坞音乐迷的性格：有创造力、爱交际。

摇滚和重金属乐迷的性格：不太自信、有创造力、不喜欢苦干、不爱交际、温文尔雅、心态安然。

畅销曲乐迷的性格：强烈的自尊、不太有创造力、勤劳苦干、爱交际、温文尔雅、心境不太平和。

灵魂乐迷的性格：强烈的自尊、有创造力、爱交际、温文尔雅、心态平和。

喜欢凄美歌曲的人：多愁善感，心地善良，体恤他人，伟大者可以"先天下之忧而忧，后天下之乐而乐"；歌曲如他们生命历程中的灯塔，指引他们前进的方向，他们人生中的跌宕起伏，音乐常常起了推波助澜的作用。

喜欢交响乐的人：信心十足，踌躇满志，凡事只想积极的一面，所以，能够迅速和他人打成一片，但容易对别人盲目相信，导致吃亏和受损失；喜欢显露自我，处处显示自己的不平凡，希望上流社会能有自己一席之地，有不务实的倾向。

喜欢摇滚乐的人：害怕孤独，不能忍受寂寞，喜动不喜静，爱好运动；愤世嫉俗，对社会有不满情绪，常常把持不住自己，有时有不愉快的事情，但他们并不在意；喜欢到处张扬，能引人注目，但不会给人留下深刻的印象；能够将爱好作为强有力的指导，借用摇滚巨星的光环，使自己在世俗当中趋于平静，找到心灵上的慰藉；喜欢团体，将音乐作为满足各种欲望的方式。

喜欢进行曲的人：墨守成规，不求变迁，满足现状，追求完美对自己要求甚高，不允许所做的事出现半点差错，而现实中的不完美，常常使他们动摇、失望甚至遍体鳞伤。

喜欢流行音乐的人：属于平凡的随波逐流类型，在恋爱和人际交往过程中远离复杂的思虑，身边的家人或爱人会为他解决人生中诸多的问题，他们随时准备被感情俘房；深层次的自省和强烈的感情，是最不能忍受的，试图通过听音乐保持轻松和自在。

喜欢古典音乐的人：有较强的理性，比较自省，能够用理智约束情感；从音乐中汲取相当多的人生感悟，但是结果常常形单影只，因为，很少有人能与他们的思想和感情产生共鸣。

喜欢爵士乐的人：性格当中，感性成分占的比例较大，很多事情都是凭一时头脑发热而去涉及，往往脱离实际。不喜欢受到约束，我行我素，总是有一些荒唐的幻想；追求新奇，讨厌一成不变，五光十色的夜生活，令他们流连忘返；生活与理想相差太远，让他常常会感到一种莫名的恐惧与难以化解的矛盾。

喜欢歌剧的人：思想传统保守，容易情绪化，易出现偏激行为。

他们也清楚自己的这个弱点，所以，试图极力控制自己，避免不愉快产生。有很强的责任感，对自己的一举一动认真负责，力求以一个完美的形象出现在大众面前，事事要求尽善尽美。

喜欢乡村音乐的人：成熟老练，轻易不会做出令自己后悔或有损利益的事情。细心而又敏感，喜欢关注社会问题，能够与遭受欺凌的弱小同呼吸。他们追求安静和自然，不喜欢大城市的纷繁与喧闹，想过一种完全由大自然控制的田园生活，并为此不遗余力。

喜欢打击乐的人：耿直爽快，对生活充满了希望，并精心设计自己的未来；为人处世一般以和为贵，不挑剔，同时也喜欢谈笑风生，具有很强的社交能力，能够得到大多数人的喜欢。

颜色喜好：判断一个人的内心世界

俗话说：性格决定命运。而根据研究，颜色又影响着人的性格发展，你试过通过颜色来了解自己吗？想不想用颜色去了解身边的人？

依颜色嗜好做性格判断，始于德国心理学家鲁米艾尔，此后，这种研究风靡世界。颜色与人的性格，存在非常密切的联系，有时，它甚至可以预测一个人今后的命运走势。

通过颜色的嗜好，还能显示出人们一系列日常生活的状态。换句话说，对于色彩的喜恶，可以反映出一个人心中潜藏的愿望。

就好像我们选择的食物，会对身体健康产生不容忽视的影响一样。颜色对精神和生命活力起到非常重要的作用，同时也刺激着人的心理。

人的性格不外乎红、黄、蓝、绿四种。人人都有自己专属的颜色。只有了解"为什么"，才能知道"怎么做"，让我们一起走进色彩的世界，探索色彩和性格的秘密吧！

红：

偏爱红色的人，活力、热情、大胆、新潮、精力充沛，而且很会赚钱。对流行资讯感应敏锐，最容易感情用事；有强烈的感情需求，希望获得伴侣的慰藉。

喜欢红色的人，往往认为自己是无敌的，并且其他人也往往会这样想。他们的思维非常敏捷，很聪明。他们追求快乐，喜欢变和刺激，心态开放善于听取他人意见，热情主动，好奇心强，乐于交友。

做任何事情，动机在很大程度上是为了快乐，快乐是他们最大的驱动力。他们积极、乐观，天赋超凡魅力，随性而又善于交际。总是准备争论或获取进攻意识。说话做事快而不假思索。

喜欢红色的人是精力旺盛的行动派，不管花多少力气或多少代价，也要满足自己的好奇心和欲望。精神饱满的状态，常常会感染周围的朋友。但是，由于缺乏耐性，常常稍微不顺自己的意就会生气，是典型情绪型的人，他们可能在你面前突然像活火山一样不时爆发一次，不过，很快就会平静下来。

喜欢穿红色服装的女性，被认为是"具有丰富愿望的年轻型"，在生活中，常常感到不满足，她们富有冒险精神，追随流行时尚，但变幻无常的性情，常常令人难以捉摸。

喜欢红色的人是非常感性的，他们看着电视剧就会感动地哭。但是，在成人的世界里，特别遇到具有黄颜色性情的家长——黄色的座右铭是"莫斯科不相信眼泪"，认为哭是最坏的，所以，喜欢红色的人，就有可能压抑了本性。长期如此，就会有释放情感的欲望，只不过他的脑子里会有个声音在说，不能这么做。然而他的内心是痛苦的。

黄：

偏爱黄色的人，他们一般都具有前瞻性和领导能力，通常，都有很强的责任感、决策力和自信心。控制欲强，喜欢挑战，喜欢争辩，意志坚强，独立自信，讲究速度和效率，办事有推动力，是天生的领导者，很有生意头脑。但有时不免傲慢自大，缺乏同情心，对于结果过分关注，往往忽略了过程的乐趣。

他们富有高度的创造力及好奇心。关心社会问题甚于切身问题，喜欢追求崇高的理想，尤其热衷于社会运动。相当自信，而且学问渊博，也引此为傲。

黄色是所有颜色中反光最强的，它有激励、增强活力的作用，能够增加清晰度，便于交流，并以机智而著称。黄色——有力的指挥者！这一类人，深层次的驱动力来自对目标的实现和完成。

有黄色个性的人，他们做事潇洒自如，说话无所畏惧，不担心别人考虑什么。不易动摇，是可以信赖的人。但他们通常容易封闭自我，不会让很多人真正走进他们的生活，一般只有一两个好朋友，看起来好像社交家一样，其实内心很孤独。他们不会背叛朋友，也绝不做没有把握的事。

他们一般比较理性和冷静，对自己的智慧和能力充满信心，因此也期望获得他人的赏识。从外表上看，有时好像很温顺，其实很好强。在金钱上十分豁达，除非手头真的拮据，否则不会很在乎钱。

蓝：

典型蓝色的人，都是内敛的。他们追求完美，会有自己的一套严肃的生活哲学，低调有序，敏感细腻，善于分析，严于律己。易患得患失，消极悲观，专注细节，过度计划，让人感觉不易接近。

喜欢蓝色的人，往往爱待在个人世界里，并且时刻对别人存有戒备心理。他们非常感性化，情绪时起时落，在人生的过程中，他们不断地体验着各种各样的感受。他们非常愿意和别人交往，但同时，他们也很容易受到别人的影响。环境对蓝色性格的人影响很大。

他们是最佳的执行者。持久深入的关系，是他们所着意建立和维系的。他们具有非常可贵的品质，对待朋友忠诚而真挚，并在思想上，深层次地关心和交流。

但是，蓝色的人时常会板着脸，显得很痛苦，也会给周围的人很大的压抑和伤害。虽然，这不是他们的本意，但是，天性让他们如此。很多时候，蓝色的人自己意识不到。

面对问题他们临危不乱，在起冲突时会默默将事情化解，等到该反击时他们会以很漂亮的手段让人折服。乍看之下，他们应该人缘不错，不过，实际却不擅与人交际，所以只与志同道合的朋友自组小团体。

他们常因坚持崇高的信念，而受人尊敬。绝对地坚持己见，对旁人的意见，欠缺采纳的雅量，所以与人意见相左时，虽然表面上不会显露任何不悦，但其实心里会介意。

绿：

绿色是由蓝色和黄色对半混合而成的，因此，绿色也被看作一种和谐的颜色。它象征着生命力、平衡。绿色——和平的促进者。

他们的核心本质，是对和谐与稳定的追求，缺乏锋芒与棱角。

喜欢绿色的女性，被认为是"坚韧实际的母亲型"，生活中她们安于现状，行动慎重并且很努力，但是害怕冒险和超前，性格内向，且常常压抑自己的欲望，在感情方面羞于主动。

喜欢绿色的人，一般厚道中庸，避免冲突，善于倾听，喜欢简单随意的生活方式。易缺乏主见，行动比较缓慢，缺乏激情，遇事被动，不懂拒绝。他们宽容透明，通常都非常友善，适应性强，而且乐意去帮助每一个人。

他们喜欢隐藏自己的思想，也不过分关注别人的事，所以，他们往往是很好的聆听者。他们希望，每个人都能过上和谐的生活。

由于上述特点，喜欢绿色的人，很容易成为别人最好的朋友。

读书习惯：从偏好看人品

"与书为伴，口齿生香"，人生不会总停留在寻求物质阶段，当你物质丰厚时，你的精神家园是需要打理的。当你尝试过一切感官刺激后，你的灵魂可能仍然没有皈依。欲望的枝枝蔓蔓，是需要读书这把剪刀来修理的。

苏东坡曾写过一首诗，其中"开书喜见面，未饮春生腹"一句，把读书的好处讲得既含蓄又浅白。他读书，如喝下腹中的美酒，暖融融的。

有人说，世界有十分美丽，但如果没有女人，将失掉七分色彩；女人有十分美丽，但远离书籍，将失掉七分内蕴。读书的女人是美丽的，"腹有诗书气自华"是人人都明白的道理。的确，书是修炼魅力之路上最值得信赖的伙伴。依靠它，你将不再畏惧年龄，也不会因为几条小小的皱纹而苦恼几天。因为，你已经拥有了一颗属于自己的独特心灵，有自己丰富的情感体验，你的生活，你生活中的点点滴滴，都将会书香四溢。

法国哲人笛卡尔说过："读一切好书，就是和许多高尚的人说话。""读书可以使人得到一种优雅和风味。"给自己制订一个详细的读书计划，坚持读下去，你就会有所成就、有所作为。

读书不仅是一种谋生进步的手段，更是一种生存需要、一种创造性的工作与生活。养成终身读书的习惯，是成就自己一生的源泉和动力，是参与未来竞争的根本。金庸在浙江大学给学生提的四个字是："终身读书"。生活没有书籍，就好像没有阳光；人生没有书籍，就好像鸟儿没有翅膀。在漫漫的人生路上，书是一个人精神上的朋友。

在纽约，有一个名叫"希尔塞心理咨询中心"的研究机构。它的主任霍夫曼博士是一位著名的心理学家，他经过多年的研究，发现读书与人的性格之间有着密不可分的内在联系。正因为如此，可以通过读者阅读的喜好来了解他们在个性上的一些特点，以及在情绪方面的某些变化。

霍夫曼博士归纳出了喜欢阅读各类图书报刊的人一般具有的性格特征。

如果喜爱阅读罗曼蒂克一类的小说：你的感情肯定较为丰富充实，对直觉深信不疑，感到生活充满灿烂的阳光。难能可贵的是，在陷于困境或者面临失败时，你能顽强抗争，不会萎靡不振。

倘若喜欢看传记体裁的书籍：你必定是一个深思熟虑的人，既有雄心壮志，又会脚踏实地做事情。谦虚好问，是你最大的特点，在做出某项决定之前会考虑再三，从来不轻率冒险从事。

要是对小型报纸爱不释手：你的性格，显得乐观快活，感情也较为外露。喜爱和人聊天，并以此作为一大乐事。在一起谈话的几个人当中，你必定是一个"当仁不让"的"中心发言人"。

如果很欣赏喜剧性的书籍：忧愁、痛苦和烦恼一定与你无缘，因为你是一个乐天派。笑口常开，青春永驻，具有潇洒的风度、风趣的性格，任何困难或阻力，都不会使你为难。

倘若常读报纸和新闻性刊物：说明你喜欢关注国内外大事，眼观世界风云变幻，时时使自己的言行跟上时代的步伐，不愿当一名落伍者。你的思维十分敏捷，对新事物能做出迅速的反应。

要是对画报或是大型画册兴趣盎然：你肯定是一个热情好客的人，爱结交朋友，同事、亲戚和好友都喜欢到你家里造访。在家里举办的宴会上，你是一位十分称职出色的主人，能使每一位在座的客人乘兴而来，满意而归。

如果喜欢拜读《圣经》：可以断定你为人诚实，手脚勤快，从不偷懒，尊敬智者，尊重知识。在处理人际关系时，宽厚待人、严于律己，与人为善是你的重要原则。

倘若爱看侦探或破案一类的书籍：动脑筋和解难题，必定是你的一大特点，在许多人看来似乎是束手无策的难题，到了你的手上，却能轻而易举地被解开。而且，对于一些令人望而止步的难题，你却兴趣倍增，以解开它们为乐事。

要是对科幻类的图书如获至宝：你的思维一定十分发达、想象力丰富、创造性强，总想将自己担负的工作，完成得更完美、更出色，把自己的一生变得更加美好。

如果经常阅读妇女方面的报刊：表示你希望自己能够成为女性当中的佼佼者，事业上富有进取性；在工作方面，严格要求，一丝不苟；谨慎行事，不愿意因为自己的某种过失，或是一时的疏忽而铸成大错，造成终身的遗憾。

倘若喜欢阅读财政经济一类的书报杂志：可以看出，你是一个懂得自尊自重的人，同时，崇拜那些在事业上卓有建树的人物，并以他们为榜样。你也希望能充分发挥自己的竞争力，登上"冠军"的"宝座"。

对一些广为流行的时尚杂志格外青睐、喜爱：说明你很有可能比较多地关注自己的身份和地位，有时甚至脱离实际地拔高自己，而导致常常下不了台。

如果特别喜欢读诗歌：你一定是一个热爱生活的人，对人世间的一切钟爱有加。大自然的蓝天、大海、高山、流水、飞禽和走兽，是那样的美好和谐，充满着温馨和朝气，令人心旷神怡。与此同时，你有意识地在诗的熏陶下进行思索，使心灵得到净化，远离"假恶丑"，追求"真善美"。

倘若读历史书籍津津有味：说明你是一个尊重事实、讲究实际、重视效果的人，这也是你待人处世的原则，你的时间总是安排得满满的，时间花在努力工作，或者认真做学问上面。你从来不会在那种毫无意义的闲聊场合里露面，也不会和那些无所事事的人来往。

要是醉心于恐怖故事：你或许对生活感到厌倦，心情压抑；或许在激烈的竞争所带来的巨大压力面前，感到无所适从；或许面对屡次的失败，而感到不堪重负。为了摆脱内心的空虚焦虑，你只好用刺激，使自己得到解脱，因此，对这类书籍颇有好感。然而，效果并非想象的那么理想，那只能暂时使你忘却烦恼和抑郁。

运动类型：分析品格和魅力

运动对于人类而言，是一种必需品，事实证明，生活当中绝大多数人也都在运动。并且不同的人，会热衷于不同的运动方式，这就是人们性格方面的外露。

人们偏爱某种运动，不可能完全出于偶然，而是与他个人内在的脾气品性密切相关。而往往坚持不同的运动习惯，又会塑造出一个人不同的品格和魅力。

运动有许多种，如球类运动、技击运动、休闲运动。球类运动，一般包括足球、篮球、乒乓球、羽毛球、网球等；技击运动，一般包括散打、气功、武术、拳击、跆拳道等；休闲运动，一般包括登山、游泳、滑冰等。从这些运动中，如果加以仔细观察，我们就可以明显地看出一个人的性情、风格和反应等，具体来说，就是一个人的激情。

根据体育心理学的研究表明，不同的项目对每个人的心理所起的作用不同。在现实生活中，有些人缺乏正常人的心理调节能力和必要的适应能力，或者表现出明显的性格缺陷和情感心理缺失，然而，我们通过有针对性的适当运动，是可以纠正这些不良性格缺陷的，并且，能够很好地改善心理和一个人的精神面貌。

杰克·韦尔奇曾在自传中透露他非常喜欢运动，同时，也非常注重从运动方面去考察人才。其中有一段，是关于他与拉里·博西迪打乒乓球的经历。

当时，拉里·博西迪只是GE金融公司的一位中层。然而，正是由于拉里·博西迪打乒乓球时的激情，感染了杰克·韦尔奇，所以，在拉里·博西迪表明要离开GE的时候，杰克·韦尔奇极力挽留了拉里，并在后来的工作中，对拉里·博西迪委以了重任。

热衷并且经常参加运动的人，基本上都是精力充沛、较有激情的人。他们的身心一般都比较健康，待人热忱，处事有决断力，并且勇于面对现实。在处世方面，也比较积极乐观，执行力也较强。

而不喜欢或疏于运动者，身体一般比较弱，承受压力也较差，同时，处世多数比较悲观，容易逃避现实，做事也会拖拉，性格犹豫不决。

就算在今天的城市森林，估计也没有几个女人会喜欢那种整天窝在沙发中的"土豆"。充满朝气和阳光温暖味道的男人，的确会激发我们的身体分泌出更多的雌性荷尔蒙。这种偏好可谈不上是歧视，这是我们的祖先留在遗传基因里的集体记忆——在那个遥远的时代，男人们就是依靠追逐奔跑和投掷石块的本领，才能给家人赢回生存所需的食物和皮毛。

而现代的身心研究和运动心理研究都证实：体育运动对人产生的影响会渗透个人的生活习惯和为人处世的态度之中，甚至，还能改变一个人的命运，或者人生的轨迹。

喜欢足球、篮球、排球等需要团队协作的运动，这是社交型协力运动的人，通常，从小就活泼开朗，十分热衷户外运动，而且，人际交往能力从小得到锻炼，长大后处理人与人的关系表现非常突出。在他们的成长经历里，长期生活在热热闹闹的朋友中，对于他们来说，孤独是一件十分恐怖的事情。

这类团队协作的运动带来的最大好处，就是团队精神用不着额外培养。在这种需要大家共同努力才能获得成功的活动中，诸如遵守规则、体谅他人、责任心，还有组织和协调等能力，会得到特别的培养。

不仅如此，成熟的游戏者，不会刻意争夺惹人注意的前锋位置，对自己所处的位置和他人的位置之间的协调，他们多了一层领悟，即尊重每个人的独特之处，清楚自己在什么位置最合适。

喜欢长跑、竞走、野外自行车等体现耐力和意志力的运动，这样的人，通常从小受到的家教相对比较严格，从父母那里整天听到的都是"有志者，事竟成……天下无难事，只怕有心人"之类的教导。长大以后，也多是勤恳踏实、努力奋斗的典型。而像长跑这样需要极度耐力的运动项目，对他们来说，是一种非常合适的自我减压方式。伴随着汗水不断被排出体外，心理上的抑郁和烦躁也被甩在路边。

　　所以，他们是一群跟自己比赛的人，喜欢追求在痛苦中坚持的那种魅力。当每一次在想要放弃的一瞬间，咬着牙继续坚持，练就了非同一般的耐力和意志。在他们的眼里，有时候，名次和结果不是最重要的，他们享受的是努力着的感受。因为，他们知道无论领先还是落后，都只是暂时的，只有拼搏向前，才是永远不变的。

　　喜欢自由搏击、散打、拳击等力量进攻型运动，这一类人，让人感觉多多少少有一些火药味。攻击和对抗的力量，增强了他们内心的把控能力，这一点会让他们得到很大的满足感。选择这种对抗性很强的运动，从内心深处感觉自己还不够强大。

　　大多数小男孩，都会惊叹父亲的强大，并且，在心中暗暗和父亲较劲，幻想着有一天彻底地"打败"父亲，成为真正的男人。一般来说，喜欢搏击类运动的人，他们迷恋于这种胜利的感受，喜欢一次又一次地体味战胜另一个人的痛快感受。

　　喜欢登山、户外探险、高尔夫、帆船等亲近大自然的运动，这一类人，不是去征服山，而是去征服自我；不是去探索自然，而是在探索自然的时候探索自我。回到自然的拥抱中，那些自满、保守、懒惰、怯懦、急功近利，都一一得到净化。

　　选择这类运动作为个人爱好的人，潜意识是重新拾起童年时代原本人人都有的对大自然的好奇。他们的人生之路，大多已经从"追求成功"过渡到"寻求意义"阶段。在生活中，他们会给人温文尔雅、平易近人的感觉，因为，他们不再需要通过"战胜"别人来确认自信，或体现自我的价值。

　　喜欢小球，如乒乓球、羽毛球的人，实际上，他们是喜欢利用"头脑"去运动，战术和技术同等重要。而且，他们会钟情于单打独斗，与其寻找合适的同盟，不如相信自己的判断。他们通常十分自信，动机鲜明，喜欢寻找机会，证明自己的实力。

他们在职场上，也是高手。他们头脑冷静、思维敏捷、判断准确、当机立断，因为，任何犹豫和徘徊，都将延误良机而导致失败。不论进攻还是防守，他们的目的都是紧紧抓住对方的空当，使对手比自己早一步露出破绽，这是他们万变不离其宗的独家秘籍。

喜欢水上运动的人，身上总是透出一种灵气，水有一种魔力，可以让性格暴躁的人，变得静气平和。而经常游泳的人，多持简单、放松的生活态度。而那些把游泳作为一种运动习惯的男人，因为充分享受天性中对水的亲切感，一般来说想不温柔也难。

喜欢瑜伽、太极、气功等关注身心联结的运动，往往在选择这类运动的爱好之前，这些人基本都尝试过上述各式各样的运动。不管是对速度，还是对力量的追求，好像都不足以满足他们的需要。因为不满足于仅是骨骼和肌肉的伸展和收缩，才会回到这类结合着呼吸与心境的特别运动上。

在相对静态中，控制自己的动作和心态，在忍耐和坚持的过程中，倾听自己内心的声音，直到感觉到真实的自我，这样的人，往往已经历过很多事情，看清世事的贪婪与浮躁的无意义。于是，凡事不强求，也没有所谓的"必须"与"一定"。运动时是这样，生活中更是如此，行动上量力而为，修炼内心的沉静与辽阔。

第七章
生活习惯，最好的心理说明书

　　日常的生活习惯往往不被人们注意，有时看起来微不足道的习惯往往是心理秘密的展现，比如阅读、吃饭、睡觉等，彰显着人们复杂的心理变化和状态，学会透过习惯看内心，是人们在社会生活中必须掌握的心理策略。

握手：反映一个人的个性心理

握手，是现代社会中人与人交往以及办事中一种最为普遍的礼节。除了传统的表示友好、亲近外，还表示见面时的寒暄、告辞时的道别，以及对他人的感谢或祝贺、慰问，等等。握手不仅是中国人最为常用的一种见面礼和告别礼，而且在涉外交往中也普遍适用。握手的感觉比一般礼节性要求的内容更丰富、细腻。从握手的方式可以看出一个人的个性心理。

握手时的力量大，甚至让对方产生疼痛的感觉，这种人大多是逞强而又自负的。但这种握手的方式在一定程度上又说明了握手者的内心是比较真诚和煽情的。同时，他们的性格也是坦率而又坚强的。

握手时显得不是很积极主动，手臂呈弯曲的状态，并往自身贴近，这种人大多是小心谨慎、封闭、保守的。

握手时仅仅是轻轻地一接触，握得不紧也没有什么力量，这种人大多比较内向，他们时常悲观，情绪低落。

握手时显得有点迟疑，大多是在对方伸出手以后，自己犹豫几秒钟之后，才慢慢地把手递过去。排除掉一些特殊的情况外，在握手时有这种表现的人，多内向，并且缺少判断力，做事不够果断。

不把握手当成表示友好的一种方式，而把它看成例行公事，这表明此种人做事草率，缺乏足够的诚意，并不值得深交。

一个人握着对方的手，握了老长时间还没有收回，这是一种测验支配力的方法。假如其中一个人先把手抽出、收回，说明他没有另外一个人有耐力。相反，另外一个人若先抽出、收回手，则说明他的耐心不够。总之，谁能坚持到最后，谁胜算的把握就大一些。

虽然在与人接触的时候，把对方的手握得很紧，但只握一下就马上松开了。这样的人在与人交往中大多能够很好地处理各种关系，与每个人都好像很友善，可以做到游刃有余。但这可能只是一种外表的假象，其实，在内心里他们是十分多疑的，他们不会轻易地相信任何一个人，即使别人是非常真诚和友好的，他们也会加倍地提防、小心。

在握手的时候，显得有点紧张，掌心有些潮湿的人，在外表上看来，他们的表现冷淡、漠然，非常平静，一副泰然自若的样子，但是他们的内心却是非常地不平静。只是他们懂得用各种方法，比如说语言、姿势等来掩饰自己内心的不安，避免暴露一些缺点和弱点。他们看起来一副非常坚强的样子，因此，在他人眼里，他们就是一个强人。在比较危难时，人们可能会把他们当作救星，但实际上，他们也十分慌乱，甚至比他人还要严重。

握手的时候，显得没有一点劲，似乎仅是为了应付一件不得不做的事情，而被迫去做的。他们在很多时候并不是很坚强，甚至是非常软弱的。他们做事缺乏果断、利落的干劲和魄力，而显得犹豫不决。他们希望自己能够引起他人的注意，可事实上，其他人常常在很短的时间内就会将他们忘掉。

用双手与别人握手的人，大部分是非常热情的，甚至有时热情过了火，让人觉得难以接受。他们大多不习惯于受到某种限制与约束，而喜欢自由自在，按照自身的意愿去生活。他们具有反传统的叛逆性格，不太注重社交、礼仪等各方面的规矩。他们在很多时候是不太拘于小节的，只要能说得过去就可以了。

把别人的手推回去的人，其中，有大部分都有较强的自我防御心理。他们经常感到缺少安全感，因此时刻都在做着准备，在别人还没有出击但有这方面倾向之前，自己先给予有力的回击，占据主动地位。他们不会轻易地让谁真正地了解自己，假如是这样，会使他们的不安全感更加强烈。他们之所以这样，在很大程度上是自卑心理在作怪，他们不会去接近别人，也不会允许别人轻易接近自己。

习惯用抽水机般握手方式的人，他们当中大多有相当充沛的精力，能同时应付几件不同的事情。他们做事十分有魄力，能说到做到，且办事干脆而又利落。此外，这一类型的人为人也比较随和、亲切。

像虎头钳一样紧握着别人手的人，在绝大多数时候都显得非常冷淡、漠然，有时甚至是残酷的。他们希望自己能够征服他人、领导他人，但他们会巧妙地隐藏自己的这种想法，而是运用一些策略与技巧，在自然而然中达到自己的目的。从这一方面而言，他们是工于心计的。

吃相：比较内在的性格资料

心理学家研究发现，一个人的吃相和这个人的性格有很紧密的联系。这就为我们研究人类的微表情提供了一个相对崭新的思路和方向。不管是什么类型的人，吃饭是一定会做的事，而在吃饭的过程中，人都处于很放松的状态中，这时候体现出来的就是比较内在的性格资料，而不是经过"化妆"之后的结果。吃相也是我们研究微表情的一个重要分支。

第一，风卷残云型。好像是有人和他抢着吃一样，很快就能将一大碗饭吃个精光，可能你才吃到一半的时候，他都已经点上了一根烟，慢条斯理地看着你了。这类吃相一般在男性的身上比较常见，女性基本不会出现。他们吃饭的速度之快，让人咋舌，就好像是几天没有吃东西了一样，其实如果你经常和他在一起就会发现，几乎每顿饭都是这样。这时你不要责怪这个人没有礼貌。其实是因为他平时不拘小节，这样的人很豪爽，有时候会有豪气干云的感觉，就像是武侠小说里的大侠一样，是很值得交往的朋友，对人热心肠，能帮的忙一定不会含糊。精力旺盛是他们最好的写照，好像浑身有使不完的劲儿。说话办事干脆利落，有强烈的进取心，但输在了太过急躁上。而且争强好胜，这一点为他带来了不小的负面评价，如果吃亏，多数情况下是因为这个问题。

第二，浅尝辄止型，和第一种相反。每样东西都吃一点，但都是浅尝辄止，并不多吃，因为食量很小，每一种都尝尝，但都吃不多。这种人性格里面保守的成分较多，非常谨慎，对于没有把握的事情，即便是再好的机会也愿意再等等看，而不是立即抓住，因此就会有错失良机的时候，不过很少犯错。在做事方面，他们是守成的高手，但是对于开拓而言，就毫无建树了。比如说他知道去某个地方有一条路，以后经常走这条路，有一天有人告诉他，他走的那条路其实是条弯路，有更为直接、更近的路。这时如果是一般人多半会选择试试看，但是他不会，因为那条路他从来没有走过，有潜在的心理冒险成本，所以就不愿意尝试。一切新的东西对他而言，都只限于听听而已，并不会付诸行动。

第三，细嚼慢咽型。这种人吃饭的时候，总是细嚼慢咽，速度非常慢，好像是将吃饭当成艺术创作一样。说他们在吃饭，倒不如说他们是在思考重大的人生课题。这种人典型的性格特征是爱动脑子，喜欢耍小心眼，和别人比心计是他们的一大人生乐趣，对于自己的利益，锱铢必较。所以朋友很少，但有异性缘，异性的朋友不在少数。这种人的最大长处就在于凡事考虑得比较深入、很细致，不会出现一些低级错误。所以，如果将这种性格的人放对地方，将会取得良好的效果，比如说做会计，就是不错的选择。会计这是一个需要耐心、细心，以及周详思虑的工作，他们来做再合适不过了。

第四，暴饮暴食型。这类人一般比较胖。只要是能吃的东西，来者不拒。别人很难理解他为什么那么爱吃。和这种人在一起吃饭，他们往往第一个动筷子，最后一个下桌子。对于饮食从来不加节制，也节制不了。所以很胖就不足为奇了。所以和他们在一起吃饭的时候，你可能会有一种被冷落的感觉，好像他光顾着吃，把你搁在一边了，对于你的感受毫不在意。不过这并不是他们内心的真实想法，不是他们没有照顾到你的感受，而是面对食物的时候，他总是这样。这种人是典型的直肠子，很少拐弯抹角，尤其对自己的朋友更是这样。该哭的时候就哭，该笑的时候就放声大笑。

第五，吃独食型。这是很让人讨厌的一种说法，其实意思是说，这个人吃饭不喜欢和大家在一起，而是喜欢一个人安安静静地吃。

吆五喝六、推杯换盏的场景他们不喜欢。他们吃饭的时候，总是显得很庄重、很严肃，就连吃饭都像是在工作一样。这种人的性格谈不上内向，但是很孤僻，有点孤芳自赏。最典型的特征是沉稳，泰山崩于前而面不改色。有很坚毅的性格。责任心强，主要是自己说过的话、做出的承诺，一般能给出让人满意的回复。虽然他们平时不是很喜欢呼朋引类，但并不是表示他们在工作中也是英雄主义，工作当中，他们能很好地调动各方面的积极性，非常出色地完成任务。这种人一般都能独当一面。

一个人的吃相会通过微表情体现得淋漓尽致，看似日常中一个最为简单的行为动作，其中却蕴藏着鲜为人知的"秘密"。

不要"浪费"吃饭的时间，看看对方的吃相，你会对对方有一个更深入的了解。

着装：气质的侧面反映

我们在日常闲聊时，经常会听到有人说"某某真有气场"，说话的人还带着一脸崇拜钦佩的表情。这"气场"是个比较抽象的名词，全靠个人感觉。但我们说它抽象，也并非完全无据可依。假如对方衣衫不整，蓬头垢面，那么还会有人说他有气场吗？我看不会，别人只会说这人怎么邋里邋遢的，活生生一个要饭的。

衣、食、住、行，这些与我们日常生活联系最紧密的事情中，穿衣打扮居首位，可见衣着对于人们的重要性。大文豪郭沫若曾经说过："衣服是文化的象征，衣服是思想的形象。"由此，我们不难看出，穿衣打扮不但关乎人的外在形象，而且还能够反映一个人的心理。

　　假如我们事先没有跟别人有过交往，而我们又想在交往中掌握主动权，那么不妨在见面时注意一下他人的服饰。因为一个人喜欢穿什么类型的服饰往往是由人的心理和审美观念决定的，假如我们了解点"服饰心理学"，那么，通过他人的衣着我们就能够得出一些最基本的框架来。

　　日本可以算得上是全世界最注重服饰文化的国家。日本人平时穿着得体的便装，上班时必定是西装革履，每逢节日又会换上民族服装——和服。根据社会学家的研究，日本人的这种服饰文化正是代表着这个民族的品性：严谨、讲究秩序。

　　日本著名企业家松下幸之助曾经讲过这样一个故事。

　　有一次，一位年轻人来松下集团应聘，当人力资源部的人在面试那位年轻人时，幸之助就一直在旁边默默观察着应聘者。

　　半个小时的谈话下来，人事部的主管很是满意，最后他问这个年轻人一个问题："你的期望年薪是多少？"

　　年轻人不紧不慢地回答道："1000万日元（相当于人民币70万元左右）。"

　　人事部主管点了点头，因为在他看来这样一个有经验有能力的年轻人提出1000万日元的薪资期望也并非过分，但是当时幸之助就在旁边，人事部主管就决定先让年轻人回去等消息，他则试探着问老总道："松下先生，你看这个年轻人怎么样？"

　　主管本以为幸之助会同意录用，毕竟，这样的人才不可多得，但是幸之助的回答却是："让他另谋高就吧！"

　　"为什么？"主管很是不解地问。

　　幸之助缓缓说道："不知道你们刚才注意到没有，这个年轻人身上的领带又脏又皱，而且戴领带的方式也错了，一个想拿1000万日元年薪的人就应该有一条配得上自己的领带，他戴着的这条领带反映出他这个人对应聘没有全心全意地重视，而且，这个人很有可能是个在工作上不能尽心尽力做到最好的人，这种人才对我们公司非但没有什么作用，而且很有可能会造成损害。"

主管听完就立刻点头，刚才他也注意到了，只是没有那么在意而已，看来还是老总观察得仔细。

一个人的穿着打扮能够大致反映出一个人的品格，这一点是毋庸置疑的。那么，具体到实践当中，我们该如何通过一个人的穿着看出他的"品格"呢？具体来说，有以下几点共识。

1. 穿着朴素或奢华

一个喜欢穿朴素衣服的人，一般性格比较内向，理智沉稳，勤奋踏实。相反，一个人如果总喜欢追求流行，爱穿跟自己经济实力相比较奢华的衣服，那么这种人十有八九都爱慕虚荣，花钱上面大手大脚。

2. 穿着简单或复杂

一个人穿着比较简单说明他对自己很有信心，在生活中比较有魄力，做事干净利索，不拖泥带水。反之，如果一个人穿着太过复杂，两天换三种风格，那么这种人可能就比较注重实际，控制欲也比较强，爱支配别人，自己却不大喜欢被人约束。

3. 喜欢同一款式

什么时候都穿着同一款式衣服的人大多有自己鲜明的个性，他们一般都有强烈的自我意识，爱憎分明，这种人一般比较诚实守信，言出必行，但是往往有些清高孤傲，有时候可能会不大合群。

衣服的不同也能反映出一个人的性格。比如说，喜欢穿西装的人一般都是比较严肃的，性格相对来说也就比较稳重，一般也有很强的事业心。

而喜欢穿休闲装的人一般来说性格比较豪爽，不拘小节，心胸开阔，对自己也很有信心，喜欢不受约束的生活。

现在还有很多人喜欢穿牛仔服，美国的一项调查显示，喜欢穿牛仔服的人一般有着豪爽的个性，跟穿休闲衣服的人很像，但是他们的性格更加外向。

生活中还有喜欢穿马甲和夹克的人。一般来说，喜欢穿马甲的人性格大多比较传统，对时尚的东西没有太多的追求。而喜欢穿夹克的人则代表他有着灵敏的感觉，为人随和、开朗活泼。

另外，一个人衣服的颜色也能反映一个人的性格。社会学家的一项调查结果显示，衣服色彩比较单一、或黑或白的人，个性一般都比较开朗，在交际场上往往能够左右逢源，在哪儿都能吃得开。而那些热衷于穿得花里胡哨的人，很有可能就是一个爱慕虚荣者，他们的穿着使得他们极为突出，透露出一股张扬和爱表现的欲望。

其实，在生活当中，一个人的穿着打扮上有很多细节是可供我们挖掘分析的，除了衣裤，一个人的鞋子、帽子、身上的配饰也能够反映一个人的心境。最简单的一个道理，一个常年手表不离手的人时间观念肯定也差不到哪儿去，我们可以进一步推断出，这种人办事一般都比较严谨，很是可靠。

所以，只要我们能够留心观察，在与别人打交道时，第一眼就能将人看个"大概"，有了这个"大概"，我们在与他人的交往当中就能够掌握一定的主动权。

　　一些人批评今人都是戴着面具在社会上演戏，这话当然不假，社会压力太大，让许多人不敢轻易以真面目示人。但如果我们想做生活中的智者，也不一定非得揭开人家的面具，在初次见面还不够了解对方时，我们不妨多打量打量对方，一个穿着阿玛尼西服套装的人很有可能被他身上的那条脏旧领带出卖，我们可以通过这条不得体的领带"窥探"一下这个人内心中不为人知的秘密！

走姿：讲述不同的心理故事

　　从一个人的走路姿势，可以比较准确地看到此时他们的心情状况，是高兴还是抑郁，他的生活状态是快乐的还是压抑的，他是个懒惰的人还是勤快的人。心情不好，垂头丧气，"迈着沉重的步子"，而兴高采烈时，步履轻松，节奏加快。每种不同的走路姿势背后一定在讲述一个不同的心情故事。

　　疾行。这是很不常见的一种走路姿势。一般如果不遇到很重大的事情，我们是不会走出这种"疾"的感觉来的。此时内心比较紧张，但并不绝望，认为事情尚有缓转的余地，还没有到山穷水尽的时候，因此虽然走路很"疾"，但绝不会透露出慌张的感觉来。此时的脚步显得很沉重，这是控制自己内心的一种压抑表现。这种走路方式一般多见于男性，女性很少能见到这样的走路方式。如果有，说明此人事业心很强，很有魄力，不是"贤妻良母"的类型，但能在单位独当一面。

　　急行。和上面的那种走路方式相对应。这种走法一般多见于女性。这种走法的典型特征是小碎步向前走。如果男性有这种走法，性格里阴柔的气息比较浓厚，程度严重的可能会有"娘"的感觉，或者是很内向，性格孤僻，不大愿意理睬别人。有这种走法也是心情不安的一种表现，很焦虑，而且走路不是沿着直线走，时不时会在不经意间改变方向。走路有这种表现的人一般很难做决定，经常性犹豫不决，在一些需要决断的问题上常常下不了决心。

慌张地走。这是一种走路的姿势，并不是说这个人此时就很慌张。乍一看像是小偷被警察盯上了，所以走路显得慌慌张张的，但如果是经常看见他走路，就会发现其实他一直这样。这种姿势走路的人最明显的特征是活力充沛。每时每刻都充满了干劲儿，对于生活中的挑战从不畏惧，之所以不害怕挑战，是因为他们对自己有很强大的自信，相信自己能非常完美地解决生活中的任何问题。他们做事讲求效率，拖泥带水的事情不是他们能干得出来的。

走路像是在跑，当然是很慢的那种跑。这类人是非常典型的现实主义者，不但自己现实，还会嘲笑那些有"梦想"的人。他们的生活重心讲的是稳，万事以稳为主，所以好高骛远的毛病他们是不会犯的，他们经常挂在嘴边的一句话就是"三思而后行"，只要是做决定，就要琢磨很长时间，可以不做但不可以犯错。所以他们一般能很好地完成自己的事情，把所有问题都处理得比较不错，但他们的创新精神很差，一味求稳的心理对于更远的发展阻碍很大。他们很讲究诚信，守承诺，自己绝对不会轻易相信任何一个人，但如果相信你了，你最好也能像他一样，如果你骗了他，结果可能不大妙，他很可能会记恨你一辈子。

昂首阔步的人。这也是性格特点很明显的一类人，平时给人的感觉充满自信，很有活力，精神十足。只要你看见他，就会受到比较强烈的感染，这也是他们所希望发生的事情，因为他们总是在想办法让自己变得与众不同，给人留下较为深刻的印象，从而让别人记住自己。

大摇大摆。这是一种比较浮夸的心态体现。这类人最明显的特征是对自己目前的生活状态十二分满意，也是自信的一种比较极端的体现形式。这种走路方式的人非常喜欢自夸，而且在自夸的时候，别人需要附和，如果有人提出不同意见，对他的打击是很大的，因为他们的内心非常自满，认为自己无所不知、无所不晓，眼里很少有能看见别人的时候，所以有人提出异议，这本身就是对他的一种否定。

闲庭信步。类似日常散步。这种悠闲、缓慢的步调表现为两个形式：一个是散步般的慢行，再一个就是懒散的无所事事的徘徊。前一种比较安逸，没有不安，轻松自然，内心也平静，表现在脚步上就是舒缓而有节奏，一个微表情就是一种心情，这种典型的闲散的步子，是微表情体现心理的一种非常生动的例证和说明。后一种不同，懒散的无所事事的徘徊，没有目的，没有思路，可能是原地打转，也可能是东一跟头西一跟头，混乱不堪，毫无章法，这类步调的人多数游手好闲，不求上进。